2017中国会展产业年度报告

郭牧　主编

中国商务出版社
CHINA COMMERCE AND TRADE PRESS

图书在版编目（CIP）数据

2017中国会展产业年度报告／郭牧主编. —— 北京：
中国商务出版社，2017.8
ISBN 978-7-5103-2005-7

Ⅰ．①2… Ⅱ．①郭… Ⅲ．①展览会-产业发展-研
究报告-中国-2017 Ⅳ．①G245

中国版本图书馆CIP数据核字(2017)第200878号

2017中国会展产业年度报告

ANNUAL REPORT OF CHINA'S CONVENTION & EXHIBITION INDUSTRY

郭牧 主编

出　　版：中国商务出版社
地　　址：北京市东城区安定门外大街东后巷28号　邮编：100710
责任部门：国际经济与贸易事业部（010-64269744 bjys@cctpress.com）
责任编辑：张高平
总 发 行：中国商务出版社发行部（010-64266119 64515150）
网购零售：中国商务出版社淘宝店（010-64269744）
网　　址：http://www.cctpress.com
邮　　箱：cctp@cctpress.com
印　　刷：北京建宏印刷有限公司
开　　本：787毫米×980毫米 1/16
印　　张：15.5　　　　　　　　字　　数：223千字
版　　次：2017年9月第1版　印　　次：2017年9月第1次印刷
书　　号：ISBN 978-7-5103-2005-7
定　　价：60.00元

编纂委员会

主　编：郭　牧

副主编：陈　璀　季路德　刘明广

参　编：李广英　钱新立　梁　璐　吴星贤

前　言

2016年是中国会展业最具影响力的一年。中国政府举办了最高规格的国际多边外交活动——G20杭州峰会，不但将中国元素和高水准的会议服务展现给世界，而且提高全社会对会展的认知，使会展业的社会地位得以悄然改变。UFI全球年会、ISO大会等国际会议在中国举办，也反映了国际社会对中国会展环境的认可。

我们亚太会展研究院团队、业内专家和科研教学专家等多方收集资料，在比对中国贸促会2017年发布的《中国展览经济发展报告（2016）》、中国会展经济研究会2017年4月发布的《2016年中国展览数据统计报告》和亚太会展研究评估中心的定向省市统计数据的基础上，结合前九年的数据分析，特别是北京市统计局2017年8月15日发布的2016年会展统计数据，经过多次修改初稿后将之交付出版。从数据上看，我们是比较全面的。在国家商务部、国家统计局还未制定全国会展统计标准口径的情况下，我们尽责尽力地撰写了《2017中国会展产业年度报告》，全面分析我国会议、展览、场馆等总体发展情况，客观反映2016年我国会展业发展变化的特点和走势，探讨会展业在经济新常态下的发展路径，对中国会展业发展中存在的问题进行较为深刻的分析，并提出促进中国会展业发展的政策措施。

我们在编写过程中得到国家商务部、全国各地会展业同仁的大力支持和悉心指导，尤其是得到北京、上海、广东、江苏、山东等相关单位的大力支持，在此一并表示感谢。

目 录

第一章　2016年国内外政治经济形势分析 ·············· 1

一、2016年全球政治经济形势分析 ················· 1

二、2016年中国政治经济形势分析 ················ 15

第二章　2016年中国会展业的数据分析 ·············· 30

一、 会展规模稳健增长 ······················· 30

二、 场馆发展量增型大 ······················· 35

三、 会议产业持续发力 ······················· 40

四、 出国展览进一步提质增量 ·················· 47

第三章　2016年中国会展业的发展特点 ·············· 56

一、 会展业发展环境进一步优化 ················ 56

二、 会展市场运行稳步提升 ··················· 57

三、 展览地区集中程度逐步提高 ················ 58

四、 "一带一路"沿线展览成为新热点 ············ 59

五、 互联网为会展业注入新动力 ················ 60

六、 绿色会展理念渐入人心 ··················· 61

第四章 2017年中国会展业的发展趋势 ·················· **63**

一、会展业增长态势获得新动力 ·················· 63

二、自贸试验区成为会展全球化新平台 ·················· 64

三、"一带一路"为会展业带来新机遇 ·················· 65

四、资本运作成为会展业发展新目标 ·················· 67

五、信息技术为会展业提供更多新体验 ·················· 69

六、区域会展经济发展将成为新亮点 ·················· 70

第五章 2016年中国会展业先进省市发展情况 ·················· **73**

一、2016年北京市会展业发展情况 ·················· 73

二、2016年上海市会展业发展情况 ·················· 74

三、2016年广东省展览业发展情况 ·················· 77

四、2016年浙江省会展业发展情况 ·················· 81

五、2016年江苏省会展业发展情况 ·················· 91

六、2016年山东省会展业发展情况 ·················· 150

附　录 ·················· **159**

1. 2016年世界商展100大排行榜 ·················· 159

2. 2016年各省市发布的会展业政策 ·················· 164

3. 展览业统计监测报表制度 ·················· 214

第一章　2016年国内外政治经济形势分析

一、2016年全球政治经济形势分析

（一）全球政治发展特点

1. 大国实力对比出现量变但没有质变

过去的一年里，整个国际体系的实力对比出现了一定的量变，但没有质变。金砖国家的经济增长普遍乏力。发达国家（主要是欧洲国家）仍然没有完全从2008年以来的全球金融危机中走出来，复苏乏力，许多国家仍有比较严重的失业、债务负担。德国因为默克尔2015年开始大量接收难民的政策，财政负担有所加重，经济增长也没有特别大的亮点。美国仍然是唯一的超级大国，其经济形势相对较好，股市与固定资产投资增长都比较明显。

发展中国家里，中国经济有所放缓，但是仍然维持了相对较快的增长，在全球第二大经济体这样的经济规模下还能维持6%以上的经济增长速度，已经非常惊人了。因此可以判断，中国、欧洲、美国、俄罗斯2016年的实力对比没有发生非常明显的变动，但是量变仍在发生。我们现在的经济规模已经达到了美国的60%多，随着中国经济的不断发展，这一比例将持续提高。中国经济也成为世界经济发展的一个火车头，很大程度上拉动了世界经济的增长。中国一方面要自信和高兴，另一方面仍然要谦虚，任重道远。

2. 国家间战略关系继续进行调整和重组

国家间战略关系有些在加强，有些在改善，有些在削弱，个别国家间关系出现一定紧张的情况。中俄关系达到了很高的战略合作水平。2016年，习

近平主席和俄罗斯总统普京会面五次，就很多重大问题达成了共识。中俄之间的合作也在稳步提升，在能源、军事、交通等方面的战略性大项目的合作取得了不少实实在在的成果。

中美关系保持了基本的稳定。奥巴马总统和习近平主席在过去几年中进行瀛台夜话、西湖谈话等，双方都坚定地认为中美关系是全球最重要的双边关系之一，维持中美合作，尤其在很多全球重大事务中的合作，是中美的共同利益所在。因此，中美在2016年虽然有一些摩擦，但是总的来说，在经济和政治关系上维持了基本的。美方虽然没有完全接受或者正式接受"新型大国关系"的提法，但也没有明确地表示过反对。

其他大国关系也出现了新的变化和调整。美国继续推动和加强与亚太盟国之间的军事合作，到2016年，按照美国政府的说法，其军事部署已经完成了。例如，在韩国部署"萨德"导弹防御系统是美国政府很长时间以来非常想要完成的一件事，因为把这个导弹防御系统建好以后，美国就能够比较完整、全面地监视中国和俄罗斯的导弹发射系统。之前美国都是部署在日本，但是部署在日本的雷达系统比较远，没有办法精确地探测到中国内地特别是中部地区的导弹试射情况。如果在韩国部署"萨德"，短波雷达的信息是非常精确的，探测的距离能够达到1300公里左右。因此，一旦韩国的"萨德"导弹防御系统部署完成，远到澳大利亚，近到韩国，美国就能对整个亚太地区形成非常精确、全面、广阔的监测，这当然会对中国和俄罗斯的战略威慑力造成削弱，导致中韩关系遇到困难。中国坚决反对在韩国部署"萨德"导弹防御系统。所以2016年下半年以来，中韩关系相对来说处于比较紧张、摩擦较多的状态。韩国方面的理由是中国必须让朝鲜停止核试验，但是对中国来说，这其实是不可能做到的一件事情。虽然中朝关系比较好，但是中国和朝鲜现在其实已经是一种正常的国家间关系了，中国不可能去干涉它的内政，去阻止它研制和爆炸核武器。所以，这件事从中国的角度来说，其实我们是做不到的，是超出我们能力范围的事情。

在这种情况之下，韩国的外交也发生了比较明显的变化。随着中韩关系的紧张，韩国国内有超过一半以上的韩国国民是支持部署"萨德"导弹防御系统的，2016年底，韩国和日本又签订了军事情报交换协定。这个协定的签订就意味着韩日关系、韩日安全合作迈出了非常重大的一步。以前我们说美国在亚太地区的同盟关系主要是双边同盟，美韩同盟、美日同盟、美澳同盟，但是在美国亚太再平衡战略的指导下，尤其在朝鲜核试验以及南海问题大背景下，中国的周边环境出现了不利的发展趋势。美国试图把它的盟国整合起来，形成多边联盟体系。这个联盟体系的目标显然不仅仅是为了遏制或者针对朝鲜，更多的是为了防范和应对中国的经济和军事力量的快速发展。

总的来说，观察2016年大国国家间战略关系重组的时候，可以看到这样两个基本的趋势：一个是结伴——中俄作为全面战略协作伙伴关系的水平越来越高，两个国家结成了越来越密切的伙伴关系，但不是同盟关系；另一个是结盟——美国不断地加强和中国周边国家的军事同盟关系。

当然，在经济上，作为亚太再平衡战略的一部分，美国也努力地推动与其盟国之间的经济合作，主要的就是TPP（跨太平洋伙伴关系协定）。签署TPP基本协定的成员国也比较积极，对日本、越南来讲，TPP不仅仅意味着巨大的经济收益，还包括巨大的政治和安全收益。他们最担心的是所谓的美国对盟友的承诺的可信度问题，他们担心被抛弃，希望更深度地与美国绑在一起，这种绑在一起既包括军事上的合作，也包括经济上的一体化。所以，2016年下半年，日本、澳大利亚、越南这些国家的政府官员和领导人反复表态，不希望美国退出TPP，甚至明确表示支持希拉里当选。因为希拉里毕竟是奥巴马政府的国务卿，TPP原来也是希拉里力推的，她曾经推广过40多次。希拉里当选后，TPP被取消的可能性是非常小的，特朗普上台后，变数就大了。但是，随着美国总统大选结果的揭晓，这场大戏才刚刚开了一个头，2017年将会更加精彩，我们拭目以待。

美欧之间的关系基本稳定，但是也出现过不少的摩擦。这些摩擦主要表现在如何对待俄罗斯以及如何对待难民问题上。在对待俄罗斯的问题上，欧洲国家跟俄罗斯的经济关系比较密切，他们有很强的意向，不愿意再维持对俄罗斯的制裁。在难民问题上，欧洲国家希望美国分担更多的责任，接收更多的难民，但是美国肯定不愿意。在竞选期间，特朗普反复地说北约盟国搭便车，认为北约盟国应该承担更多的军事开支。欧洲国家肯定不愿意，他们经济形势本来就比较差，让他们在国防方面花更多的钱，他们当然不会愿意。所以，美欧关系虽是一种基本稳定的同盟关系，但也出现了不少摩擦。其实，在很多方面，就像中美关系一样，美欧关系也有很多内在的深刻分歧，但在意识形态上他们仍然是非常密切的同盟。

奥巴马政府把俄罗斯作为主要的对手和敌人来看待。对于欧洲国家来讲，同样如此，俄罗斯毫无疑问是最主要、最可怕的对手和敌人。所以，他们有一个共同的战略基础。在这样的条件下，中美关系、中欧关系从本质上来讲还是有一个基本的良好的发展空间。

国家间的战略关系调整也有特别明显的变化。比如，奥巴马在2016年3月访问了古巴，美国和古巴的关系正式解冻。通过这样的努力，美国政府希望增强在拉丁美洲地区的影响力。

3. 恐怖主义风险仍在上升

恐怖主义的风险，尤其是宗教极端主义所带来的恐怖主义的威胁仍然是国际社会所面临的严峻问题。这些威胁包括盘踞在中东的"伊斯兰国"，虽然国际社会的共同打击已经对"伊斯兰国"造成了实质性的削弱，但还没有取得压倒性的胜利。对伊斯兰国的这场战争，美国始终不愿意派驻地面部队，各种打击"伊斯兰国"的武装力量之间又互相猜疑，甚至还互相交战（比如说叙利亚政府和叙利亚反对派之间还互相交战），这就致使清除"伊斯兰国"的努力遭到削弱。此外，"基地"组织仍然是国际恐怖主义的另外一个核心。虽然"基地"组织和"伊斯兰国"之间也有激烈的矛盾，但"基地"组织仍然是一支不可忽视的恐怖主义力量。

2016年发生过很多重大的恐怖主义袭击，这都给我们留下悲痛的记忆。在比利时布鲁塞尔的恐怖袭击导致了300多人的伤亡；在法国，有一位突尼斯男子开着卡车冲进观看烟花表演的人群，造成80多人死亡，"伊斯兰国"宣称对这一事件负责。

恐怖主义势力不仅盘踞在中东或者我们以前所熟知的地区，而且渗透到我们身边。很多防不胜防的恐怖袭击就发生在本土，我们把它称为本土产生的恐怖袭击——土生土长的人受到了一些极端尤其是宗教极端主义思想的影响，或者去接受伊斯兰国的培训，然后回到本国开始制造这种"独狼"式恐怖袭击，让人防不胜防。

4. 反全球化思潮开始流行

第二次世界大战以后，国际社会所建立的全球体系基本上是一种自由主义的全球化体系，它讲究的是人员、资本、货物的自由流动。商品的自由流动是没有什么风险的，但是人员的自由流动在带来资本、技术、知识的同时，还蕴含着风险。所以，在2016年，难民问题、恐怖袭击等激起了反全球化思潮。一方面，对很多发达国家的公民来说，移民尤其是非法移民的涌入抢走了他们的工作，这些移民或者非法移民愿意以很低的工资去做本国公民不愿意做的事；另一方面，这些发达国家比较担心没有办法分清移民尤其是非法移民的背景，没有办法实施有效的控制，担心存在比较严重的恐怖袭击风险。

同时，到2016年12月11日，中国加入了世界贸易组织（WTO）15年的过渡期已经结束。美国、欧洲有一种很强的不满情绪，觉得像中国这样的国家都在开放，但是他们自己却经受着外来商品的低成本倾销，破坏了他们的产业，造成失业。于是，欧美出现了比较强的贸易保护主义倾向，这一点在美国大选中表现得非常清楚。特朗普在大选之中的口号就是旗帜鲜明的美国优先原则，他是功利主义的本土优先倡导者。这种主张得到了绝大多数男性白人的支持，也得到了很多中产阶级人士的支持。

反全球化思潮的崛起将深刻影响未来一段时期的国家间关系和整个世界的面貌。以前我们都讲自由贸易、人员的自由流动，减少各种限制，但是我们接下来可能会看到越来越多的"墙"、越来越多的限制。

5. 多国内部出现意想不到的政治变动

2016年的国际形势中，各国实力对比没有发生大的变动，但是出现了很多内政方面的变动，这些变动冲击着国际关系。比如，古巴革命领袖卡斯特罗去世、泰国国王普密蓬（泰国最重要的稳定力量）去世、特朗普胜选、意大利总理伦奇辞职、杜特尔特当选菲律宾总统、韩国总统朴瑾惠被国会弹劾（还要等待最高法院的审查结果）……这些都已经显著改变了世界政治的面貌。

（二）全球经济发展特点

1. 经济整体增速缓慢

2016年，世界经济继续深度调整，各类变化带来的风险也在升高。全球经济增速较2015年有所放缓，发达经济体增长格局出现分化，新兴市场和发展中经济体整体增速逐渐企稳。一年中，国际贸易增速持续低迷，全球资本流动加剧，大宗商品价格受资本流动影响回升但起伏波动较大。

世界经济增速持续放缓的负面影响逐渐凸显，世界经济格局的变化也在继续。这其中，既有保护主义和逆全球化的抬头对世界经济增长造成威胁，也有全球加强宏观经济政策协调的努力，更有中国积极参与全球经济治理，以二十国集团（G20）杭州峰会为契机，让包容和联动式发展深入人心，为继续推进经济全球化指明了方向。

整体来看，2016年世界经济特点可以用"不振""协调"和"风险"三个词来概括。世界经济仍处于危机后的深度调整阶段，增长预期不断下调。年初至今，发达经济体增长持续低迷，私人投资增长放缓，消费需求疲弱，缺乏强劲复苏动力；新兴经济体增长缓中趋稳，但分化态势加剧，部分经济体经济结构单一、财政赤字偏高等结构性问题未得到根本解决。

不过也要看到，在世界经济整体放缓的背景下，2016年度中国国内生产总值（GDP）同比增长6.7%，在保持总体平稳、稳中有进发展态势的同时，也为逐渐放缓的世界经济提供了有力支撑。中国推动的"一带一路"和国际产能合作的有关倡议，正有力开拓国际合作的新空间和新领域，为世界经济增长注入新动力。

全球在加强宏观经济政策沟通和协调的路上迈出重要步伐。世界经济持续低迷令全球主要经济体宏观政策手段捉襟见肘，政策实施效果减弱，仅靠宽松货币政策不足以恢复经济活力，财政政策应发挥更重要的作用。与此同时，全球主要经济体公共和企业债务水平处于高位，进一步加杠杆的空间受到限制。这就要求各主要经济体能够形成政策和行动合力来维护国际市场稳定，促进全球经济增长。中国在2016年召开的G20杭州峰会上推动形成的"杭州共识"，为全球政策协调贡献了标本兼治、综合施策的"中国药方"。

世界经济复苏受到各类风险威胁的程度有所提升。英国脱欧引发全球金融市场动荡，对主要经济体宏观经济政策造成冲击。这对经济全球化和欧盟经济一体化进程都将带来重大影响，导致全球经济金融环境更加复杂。不仅如此，经济失衡引发系列发展问题，地缘政治冲突、大国插手热点地区和热点问题、传统安全和非传统安全问题加剧。这些问题相互纠缠、互为因果，成为全球经济脆弱性增强的重要因素。

2. 货币政策前景难料

国际金融危机爆发至今，深层次的影响仍在持续。发达经济体持续宽松的货币政策颓势尽显，但由于经济增长不及预期，货币政策转向在这一年尤为艰难。全球经济复苏缓慢和市场需求低迷，特别是发展的包容性不足，使一些国家的反全球化思潮有所滋长。这两方面问题值得关注，也是当前世界经济复苏缓慢的两大难题。

其一，发达经济体货币政策转向艰难。由于经济增长迟迟不及预期，美国时隔一年之后才再度启动加息；欧洲央行虽然延续了宽松政策的基本框架，但也表示将视通货膨胀变化情况作出调整，为货币政策转向留下了口子；日本虽然声称对经济前景表示乐观，但年底维持宽松政策的决定是其经济困局的折射。

需要警惕美国加息预期变化对全球经济的冲击。中国社科院世界经济与政治研究所日前发布报告指出，自2016年11月以来，国际市场对美联储加息预期逐渐增强，国际资本又开始大规模流出新兴经济体，并流向美国，导致美元指数迅速攀升，其他国家的货币，尤其是新兴经济体的货币大幅度贬值。"这种状况将随着美国经济的反复波动及加息预期的变化而反复出现，国际金融市场也将因此而出现反复动荡。"

其二，随着世界经济增长显著放缓，全球贸易保护主义倾向日益严重。IMF警告称，贸易保护主义升温最终将拖累世界经济发展。形成这种局面的原因：一方面是一些发达国家没有摆脱传统的依靠金融和投资扩张来应对危机的办法，导致新旧动能转换难以接续，增长动力衰减，市场需求不振、金融风险累积；另一方面是经济全球化的收益没有惠及这一进程的所有参与者，一些国家特别是发展中国家的民众被排除在经济全球化带来的收益之外，也促使孤立主义和反对全球化的思潮盛行。尤其需要警惕美国当选总统特朗普竞选过程中承诺的保护主义政策，一旦全部或者部分实施，将对外部世界造成不利影响，并有可能引发全球范围内保护主义政策密集出台，从而造成世界经济增长率进一步下降。

2017年，世界经济的复苏之路仍不平坦。由于传统经济体制和发展模式的潜能趋于消退，发展不平衡问题远未解决，现有经济治理机制和架构的缺陷逐渐显现。增长乏力、债务高企、贸易和投资低迷、金融杠杆率居高不下等一系列问题有待解决。2017年推进世界经济增长，有三个方面需要着重留意。

第一，各国需要巩固2017年以来在宏观经济政策沟通和协调上取得的成果，形成政策和行动合力来维护国际市场稳定，促进全球经济增长。主要发达经济体要努力巩固和扩大复苏势头，新兴市场国家和发展中国家则要努力克服下行风险和压力，保持和恢复增长。在这一过程中，各方应该特别注意加强彼此政策的沟通和协调，防止负面外溢效应。

第二，需要坚定不移地引领经济全球化进程。历史表明，搞保护主义是没有出路的。经济全球化进入阶段性调整期，质疑者有之，徘徊者有之。应该看到，经济全球化符合生产力发展要求，符合各方利益，是大势所趋。不能因为一时困难停下脚步，而是要在参与经济全球化进程中，注重同各自发展实践相结合，注重解决公平公正问题，引领经济全球化向更加包容普惠的方向发展。同时，也要尽快推动落实"杭州共识"，积极推动包容和联动发展，让经济全球化成果惠及更多人群。

第三，还要不断推动科技创新和制度创新，来提升世界经济中长期的增长潜力。世界经济长远发展的动力源自创新。体制机制变革释放出的活力和创造力，科技进步造就的新产业和新产品，是历次重大危机后世界经济走出困境、实现复苏的根本。

3. 经济格局陷于动荡

2016年是全球金融市场比较动荡的一年。发达经济体的政府债务状态虽然有所好转，但新兴市场与发展中经济体的政府债务负担持续加大。同时，全球非金融企业债务水平进一步升高，成为全球金融市场中新的脆弱点。非金融部门的债务违约可能通过降低金融部门的资产质量和增加政府部门的债务负担引起全球金融市场新的动荡。另外，跨国资本对新兴市场和发展中经济体外汇市场和国内金融市场的冲击，也成为引发金融不稳定的重要因素。

2016年，受到一系列不确定性和趋势性因素的影响，世界经济的运行有以下几大方面问题：（1）债务积累过快对增长和金融稳定造成威胁。一些经济体目前已经出现低利率、低增长和高负债这一"有毒组合"不断积累的趋势。这种趋势不仅损害货币扩张对实体经济的促进效果，而且将对整个金融体系的稳定造成威胁。防止债务进一步积累的趋势已经迫在眉睫。（2）竞争性的汇率政策成为隐忧。主要发达经济体和新兴经济体均面临潜在增长率下降和总需求不足并存的现象。为了促进出口和总需求提升，货币贬值将成为越来越重要的备选工具。一国的竞争性货币贬值很有可能引发以邻为壑的货币竞争，从而带来全球外汇市场甚至整个金融体系的动荡。（3）区域贸易谈判取得进展但其全球影响仍存争议。TPP的达成是区域贸易谈判的一个重大进展，但是，对TPP的影响到底有多大还存在一些争议。TPP在进行贸易创造的同时，也将转移贸易，尤其是将中国这样的贸易大国排除在外，很可能产生较大的贸易转移，从而在总体上降低TPP成员的福利。（4）一些风险因素或推动新兴市场经济进一步放缓。新兴经济体的经济增速出现了结构性放缓与周期性放缓叠加的局面。当前导致新兴经济体经济增长进一步结构性放缓的风险因素包括制度、基础设施、人口结构与产业结构等四个方面；周期性放缓的因素主要是宏观经济因素，主要包括过度抑制通胀引发经济衰退的风险，过度实行金融开放和金融自由化引发金融不稳定造成经济低迷的风险等。

此外，发达经济体需求管理政策效果显现，但可持续性堪忧；美联储加息为全球经济带来不稳定因素；大宗商品价格下跌已见谷底；内外经济政策高度政治化，许多经济体内外经济政策和结构改革受到既得利益集团不断掣肘；地缘政治变化和自然灾变亦会对世界经济运行与业绩带来负面干扰。这些因素都让2016年的世界经济蒙上一层阴影。

（三）全球国际关系问题

1. 中东和北非持续动荡

中东和北非地区成为全球动荡、冲突、局部战争和仇恨的中心已经有近5年的时间了。今天全球大国在这里角逐，地区大国在这里争夺，阿拉伯与以色列的冲突在这里延续，教派仇杀在这里愈演愈烈，民族矛盾在这里爆发。因此，这个地区的大动荡、大搏斗不会在短期内结束。中东和北非地区的政治版图正在发生深刻的调整和变化。中东乱局步入第六年后，围绕打击极端组织"伊斯兰国"的各方复杂角力，地区秩序重建异常艰难。尽管政治解决叙危机进程已启动，但没有一方占据压倒性优势。新的一年中，主要大国加大介入力度，"挺巴（沙尔）""倒巴（沙尔）"两方阵线分明，也直接影响到打击"伊斯兰国"的效果。此外，也门战乱将持续，巴以矛盾紧绷短时间内难以缓解。

2. 俄罗斯与美国等西方国家关系紧张

乌克兰危机使美国等西方国家与俄罗斯的关系跌入了冷战结束以来的低谷。美国等国对俄罗斯的制裁加剧了俄罗斯国内经济的困难，但俄罗斯民众对普京总统的支持有增无减。围绕叙利亚危机，俄罗斯与美国等西方国家的矛盾在深化，双方对立的情绪在加深。美俄矛盾凸显，竞争激烈。美俄围绕乌克兰问题的制裁与反制裁将继续，彼此地缘角逐延伸至叙利亚等中东地区。西方大国加紧"抱团"。美欧将进一步强化北约，以共同应对俄罗斯"扩张"。

3. 亚太地区的争端受到管控

2016年7月，菲律宾单方面提起的南海仲裁案的结果公布以后，美国等国帮腔作势，使得中国在南海争端问题上大有"山雨欲来风满楼"的感觉，中国政府经过多种努力，使得南海局势稳定。杜特尔特的上台更是使得南海局势有了种"峰回路转"的感觉。2016年9月4日至5日，二十国集团的峰会在中国杭州成功举行。这是中国第一次举办二十国集团峰会。11月16日，习近平主席在二十国集团峰会的工作午宴上介绍了中方的打算，提出2016年峰会的主题确定为"构建创新、活力、联动、包容的世界经济"，受到各方的好评。2016年杭州峰会定会对增长乏力的全球经济带来一股清风。特别是随着"一带一路"、亚投行和丝路基金作用的发挥，全球经济需求不足的现象会得到一定的改善。需求增加了，就会增加全球经济增长的动力。

（四）全球科技发展亮点

1. 海洋环保与海洋资源利用有喜有忧

在海洋环境保护方面，美国继2016年8月宣布扩建夏威夷帕帕哈瑙莫夸基亚国家海洋保护区面积至150万平方公里后，9月又宣布建立第一个位于大西洋的国家海洋保护区。此外，限制油气开采活动也是其一项海洋环保措施。11月，美内政部决定，在2022年前禁止开展新的北极油气钻探。尽管海洋环境问题日益受到重视，但海洋环境逐渐恶化仍是不争的事实，气候变化的影响也逐渐显现：3月，美国科学家研究称，全球变暖使北极海冰面积连续第二年创冬季的新低；8月，美科学家指出，未来10年全球海平面上升速度将明显加快；10月，美科学家发现，2002年至2009年西南极洲冰川的坚冰消融了几百米。

海洋环境恶化的后果令人担忧。美科学家研究称，海洋鱼类捕捞量下降或致全球10%人口营养不良；伍兹霍尔海洋研究所研究表明，海水酸化和海洋升温对海洋微生物影响巨大；杜克大学等机构研究称，海水酸化和海洋升温对珊瑚礁生态影响严重，进而影响岛礁人群的生活。有忧也有喜，人类对海洋资源开发利用的能力也随着科技的进步而不断提升。2月，美科学家研制出类似电池的海水淡化装置，能实现约80%的淡化率；7月，人类又找到了一个重要的氢气来源：研究发现，海底大洋岩石圈蕴含大量氢气，模型显示其总量比陆地产生的氢气还要高；还有研究表明，海洋微藻可成为人类重要的食物和燃料来源，海洋资源名录上又有了新内容。此外，科学家设计出一个海洋保护区网络模型，在"保护物种与保证渔获"的矛盾中找到了一个平衡点，因过度捕捞而受到严重威胁的海洋生物群落或因此而得到保护。

法国在海洋科技领域长期领先于欧洲其他国家。2016年10月，每两年一届的布雷斯特国际海洋周在法国举行，主题是"数字与海洋"，聚焦数字技术在海洋科技领域的应用。在技术研发方面，法国着力发展海上风电技术，如风能公司Eolfi研发的24兆瓦漂浮式海上风电试点项目已进入测试阶段；风电企业Nenuphar设计的可浮动海上垂直式风电机，成本有望控制在110欧元至130欧元每兆瓦时。为了以低成本精确量化海上风电能量，法国多家公司和研究所合作研发"BLIDAR"海洋天气观测浮筒，有望取代目前广泛采用的海底打桩固定式观测站。

2016年，俄罗斯加大对北极开发和海洋科考的投入力度，设立了一批新的科研中心。4月，俄科学院联邦级北极综合研究中心正式挂牌，重点科研任务包括提高北极地区能源基地的效率和可靠性、大陆架开发、在专属经济区行使主权、构建完整的通信信息空间、消除人为因素对生态的影响等。5月，俄联邦科研机构管理署宣布，在加里宁格勒建立海洋科考中心。该中心位于俄科学院希尔绍夫海洋研究所，目前包括大西洋和太平洋科考基地，未来将建立黑海和北极科考基地。在发展北极开发技术方面，到2030年前，俄政府将投资2000万美元用于研发大陆架矿床的新型船舶技术，以及相关地震勘探领域设备、保温技术、新建筑材料及通信工具。俄克雷洛夫国家科学中心研制出一种适用于北极浅海使用的新型船舶，能够航行于4米深的北极浅海地区，具有直接从直升机接收货物的能力。目前，俄北方航道开发进展迅速。据俄远东发展部预测，到2030年，北方航道运输量将从2015年的每年540万吨，增至5100多万吨。

2. 航空航天技术取得突破

美国总统奥巴马重申21世纪30年代前把人类送上火星的目标，并表示将借助私营企业的力量实现这一"巨大飞跃"。美国国家航空航天局（NASA）已加紧研制登陆火星用的电力推进系统，"洞察"号火星探测器将于2018年发射，"机遇"号也将首次探索火星沟渠。此外，新开发的新型遥感仪器或将能"闻"出火星生命的迹象。

关于木星，NASA第二艘专门造访它的探测器"朱诺"号顺利进入木星轨道，成为人类历史上距离木星最近的航天器，并发回首批木星图像；关于月球，"猎户座"载人飞船主体结构基本完成，2018年将飞往月球背面执行无人探测任务。在探索小行星方面，除新的行星猎手"凌日系外行星勘测卫星"或在2018年升空外，OSIRIS-REx探测器已升空，开始了历时7年的追踪小行星贝奴的"猎星之旅"。

美国私营公司在太空探索上的表现令人惊叹。太空探索技术公司（SpaceX）的"猎鹰9"号火箭几经沉浮，至今完成了四次火箭第一级成功回收，有助于大幅降低发射费用。该公司的"猛禽"火箭发动机也完成了首次测试。另一家美国公司——蓝色起源也实现了火箭的重复利用，其可回收的"新格伦"火箭设计亦闪亮登场。

SpaceX创始人埃隆·马斯克以"让人类成为多星球公民"为宏伟目标，预计花费3亿美元用于其红龙飞船登陆火星任务，其"龙2"无人飞船拟于2018年发射并登陆火星。洛克希德·马丁公司也表示将在12年内发射一艘载人飞船前往火星。"月球捷运"公司则宣布，它将首开先河独立开展登月活动。这些商业实体获准前往外太空目的地，标志着商业太空探测和开发迎来重要转折点。

英国航天飞机发动机测试设施将在两年内建成；首个航天发射场将在两年内运营。英国航天局投资412万英镑，在英格兰白金汉郡建造"国家推进器测试设施"，预计两年内完工，可用于测试多种推力范围的航天发动机，包括"佩刀"空天飞机发动机的研发测试，未来将开放给学术界和企业使用。英国政府还宣布在2018年建成并投入运营其第一个航天发射场，为维珍银河公司等企业提供英国境内发射商用和民用航天航班的场所。

德国对欧空局"伽利略导航卫星"系统、"哨兵"系列卫星等项目贡献巨大，承担了重要部件的研制。欧盟2016年收官项目还有在法属圭亚那库鲁航天中心发射的4颗伽利略导航卫星。目前该系统在轨卫星已达到18颗，完全组网成功至少需要24颗，欧空局计划到2020年完成发射在轨卫星共30颗。德国对伽利略导航卫星系统做出了积极贡献，改进后的阿丽亚娜5型火箭（5ES）顶端级可重复点燃的发动机由德国空客赛峰火箭公司（ASL）研制。

此外，德国还在参与阿丽亚娜6型火箭的研制。

2016年1月29日，首颗欧洲数据中继系统激光节点卫星EDRS-A发射升空，开启了欧洲新的"太空数字高速公路"，使欧洲有能力在以太空支撑的全球卫星通信中获得独立地位。其核心部件内置激光通信终端由德国航空航天中心（DLR）研发，与国际同类卫星相比，EDRS具有明显的竞争优势和高效率，非常适用于自然灾害预警、气象预报、紧急事故处理等地球环境观察。从2018年起，EDRS还将承担国际空间站与地球的通信任务。

3. 新型系统开发成功

以色列Amos-6卫星因美国"猎鹰9"号火箭在佛罗里达州卡纳维拉尔角预发射测试时爆炸而毁，加上2015年11月Amos-5卫星与地面失去联系，导致以色列在未来几年面临通信卫星紧缺局面。为确保以色列公司能重新按时生产新卫星，以色列航天局局长伊萨克·本-伊色列建议政府设立"国家目标"，拟定发射新通信卫星的时间表，敦促政府要立即取得卫星的关键部分，加快生产速度。以色列航空工业公司宣布开发出新型碰撞预警系统，能分析出相关区域飞机限制并预测其飞行轨迹，从而识别可能发生的碰撞，向飞行员发出警报，提高军事飞行的安全性。

此外，无人机载防爆传感器于2016年亮相国土安全展，LDS公司研制的SpectroDrone无人机搭载具有多波段激光源、激光测距仪、高分辨率相机以及独特算法的探测系统，可远程检测爆炸物、危险物品和毒品，保障检测人员自身安全。

二、2016年中国政治经济形势分析

（一）中国对外国际关系亮点

1. 扎实推进亚投行建设

2016年1月16日，亚投行举行了开业仪式，现有57个成员，目前已至少对四个项目注入资金，开局良好。现在，亚投行正在酝酿扩大成员国规模，实力、覆盖面将会不断地扩大，影响力也会进一步增强。美国国内也出现了一些声音，认为美国应该加入亚投行，中国方面也多次表示欢迎美国加入亚投行，一起扎扎实实做一些基础设施建设项目，推动"一带一路"沿线国家的共同发展。

2. 澜湄机制上升为领导人峰会层次

澜湄机制指澜沧江、湄公河的合作机制。澜沧江和湄公河是一条河，上游在中国，称为澜沧江；下游流经老挝、缅甸、柬埔寨、泰国、越南，称为湄公河，最后流入大海。

这个机制对中国来说有很重要的意义。长期以来，围绕着澜沧江、湄公河，东南亚国家对中国有一些指责，认为中国在澜沧江上建大坝，可能会影响他们下游的用水。但中国方面以及这些国家内部也有理性的声音说，湄公河水源的来源多种多样，只有比较少的一部分来自澜沧江，而且中国在澜沧江修大坝、用水并没有损害中下游国家的利益，我们甚至在枯水期还主动供水。在澜沧江流域之前有一些合作机制，但没有一个是中国主导的，很多被美国和日本所渗透。2016年3月，中国正式和澜沧江、湄公河流域的六个国家成立了澜湄合作机制，而且把这个机制上升到领导人的峰会层次，从而使中国能够进一步加强与东南亚国家的合作。

3. G20杭州峰会提出了"中国方案"

G20杭州峰会是中国2016年最重要的一场主场外交。在G20峰会上，中国做了很大的努力，提出了"中国方案"。比如，我们不仅要稳住增长、反对贸易保护主义，还提出了发展议题，要促进那些最不发达国家的发展，还成立了一些新的工作组、新的部长级会议，使得20国集团的机制更加丰满、有效。

中国所提出的很多主张也取得了实实在在的认同。越是在困难的时候，我们越要去防止贸易保护主义，努力建设一个开放、合作、共赢的国际经济体系。某种程度上，在反全球化思潮越来越强势的条件下，中国已经是维护第二次世界大战以来的自由贸易体系的最重要的国家之一。

中国所拥有的制度性话语权越来越大，中国所提出的一些方案得到了国际社会的普遍支持。2016年11月，联合国大会很罕见地通过了一个决议，主张世界各国都积极参与到中国所提出的"一带一路"建设中来。这说明中国所提出的"一带一路"建设在国际社会上赢得了广泛的支持，它将会成为推动世界经济发展的新的增长点。另外，人民币被纳入到特别提款权的货币篮子之中，这意味着人民币的国际化程度有了实质性的提高。

4. 多边外交亮点纷呈

习近平主席和李克强总理在2016年非常辛苦，马不停蹄地对全世界很多国家，尤其是"一带一路"关键性的支点国家进行重要访问。习近平主席年初就访问了中东，3月和6月又访问了中东欧。值得我们关注的是，习近平主席访问了孟加拉，11月出访了远隔重洋的一些拉美国家，足迹遍布了全世界。这里简单回顾一下。

2016年3月和6月，习近平主席两次到中东欧，访问了捷克、波兰和塞尔维亚。这些中东欧国家都亟须加大基础设施建设，期待和中国展开密切的经济合作。在访问过程中，中国和波兰两国元首还共同迎接了一列从中国抵达华沙的中欧班列，这是一个非常有意思的细节。

对中国来说，中东欧地区有很多具有巨大合作潜力的国家，而且到目前为止，它有很大的发展空间。总体来说，中东欧经济现在陷入比较缓慢的发展阶段，俄罗斯没有办法给他们足够的投资、资金、技术和市场的支援，西方国家总的来说又口惠而实不至，所以他们非常盼望和中国开展更加密切的经济合作。习近平主席两次到访中东欧国家。为什么？因为该地区以前是我们忽视比较多的一个地区，是有很大发展潜力的地区，同时也是合作基础比较好的地区。相对来说，中东欧国家政局比较稳定，投资和经济贸易的环境比较好。

2016年10月，中国领导人访问柬埔寨、孟加拉国，并且在印度出席金砖国家峰会。对孟加拉国的访问是中国国家元首30年来的首次访问，这次访问达成了20多个协议。对于孟加拉国来说，这也是这几十年来它所获得的外界的最大的经济上的合作和支持。中国领导人为什么要专程访问柬埔寨和孟加拉国呢？因为柬埔寨近年来在南海问题上力挺中国，是比较可靠的伙伴，所以我们对柬埔寨也给予了巨大的援助。孟加拉也具有重大的地缘战略意义。长期以来，像这些南亚国家，印度虽然影响或控制他们，但是又不能给予足够的支持和帮助，所以这些南亚国家其实非常希望加强和中国的合作。而对于中国来说，南亚国家是我们海上丝绸之路建设的重要支点，包括柬埔寨、孟加拉和斯里兰卡。斯里兰卡新总统上台以后，一度比较亲印度，而对中国采取不太友好的政策，但是他现在也意识到这是行不通的。2016年，斯里兰卡对中国的态度有明显的改善，一些项目重新启动。我们之所以要深耕这一地区，是因为这一地区有巨大的发展潜力，有重要的地理位置，而且这一地区将来可能会有很多新的增长点，斯里兰卡、孟加拉、柬埔寨都有很强的基础设施建设需求。

2016年11月，习近平主席访问了厄瓜多尔、秘鲁、智利，并参加出席了APEC亚太合作组织峰会。中国与厄瓜多尔、智利的战略伙伴关系都提升为全面战略伙伴关系，与秘鲁的全面战略伙伴关系得到进一步的深化。以前可能我们更多地关注发达国家或者非洲，对中东欧地区、拉美地区的开拓是不够的，所以2016年中国领导人把这些地区作为访问重点，我觉得主要是补不足，这是比较现实的考虑和选择。

5. 南海仲裁案表现出中国政府的灵活性

南海仲裁，我们采取的是非常坚定的立场：不参与、不承认、不接受。我们坚决主张和当事国家通过双边友好协商解决问题。在南海问题上，中国政府、中国领导人表现出了相当强的战略定力。虽然南海仲裁闹得沸沸扬扬，最后仲裁的结果对中国不利，但总的来看，在南海问题上，中国政府的处理最终使我们还是站在比较有利的起点上。为什么这么说？第一，中国政府对南海仲裁采取不参与、不接受、不承认这样很坚决的原则，就使得我们以后不用再去面临类似的困境。我们与其他国家还存在岛礁上的争端，我们从一开始就说南海仲裁是非法的、无效的，因为它涉及主权划界，国际社会也看得很清楚。如果否认了九段线的历史地位，中国的主权主张就失去了重要的基础、最基本的基础，所以"仲裁不涉及主权"是赤裸裸的谎言。我们不承认、不参与、不接受也不是不可以的，因为这是合理的，也是有先例的。中国政府在签署联合国《海洋法公约》的时候已经声明，我们不接受有关领土主权、领海主权划界的强制仲裁。第二，虽然南海仲裁的结果对中国不利，但是中国政府表现出了一定的灵活性。杜特尔特上台后，美菲关系出现摩擦，中国方面也释放了足够的善意，我们邀请他访华，给予150多亿美元的援助。我们希望让杜特尔特明白，这几个岛当然很重要，它是领土主权，但是不管是对于中国，还是对于菲律宾来说，长期友好合作才是最有利的。菲律宾就算得到那几个岛，也不可能变成大国和强国，但是和中国合作所获得的实实在在的好处要远远强过那几个所谓的岛礁。作为一个现实主义的政治家，杜特尔特非常清楚这一点，他认识到与中国保持良好的关系远比争夺那几个岛礁要强得多。就算是为了加强和美国的关系，但是杜特尔特也意识到，美国不可能被菲律宾拖下水，美国对菲律宾的援助是非常有限的，只是承诺保卫菲律宾的本土，而且是在中国先发动攻击的情况下才保护。杜特尔特认识到这是不合算的，没有必要因为自己在南海仲裁上取得了所谓的有利的结果，就以此为依据和中国对抗。杜特尔特的这种明智让美国以及中国周边的一些国家大失所望，但这反而使得南海问题降温了。菲律宾和中国关系的好转，反而树立了一个更加良好的榜样，别的国家也认识到提起仲裁也没有什么实质性的效果。越南在南海动作频频，但一直比较审慎，它意识到越南的经济在很大程度上依赖中国，没有必要把冲突上升到两国战略对抗的地步。在这些问题上，我们要有理、有力、有节，既要坚定地捍卫中国的国家利益，又要抓住时机，让周边国家认识到领土很重要，但是和中国保持良好的经济、政治关系更重要，这样才能为公平、合理地解决南海问题奠定基础。

6."萨德"问题应对有策

"萨德"的部署在韩国国内有比较深的基础，有超过50%的韩国国民是支持部署"萨德"的。这个问题对于中国来讲也很棘手，因为朝鲜把发展核武器写入宪法，作为国家政权合法性的一个基础，它自认为是核大国。中国很难完全制止朝鲜去发展核武器——我们当然也旗帜鲜明地反对朝鲜发展核武器，但是我们很难去阻止它。这样，韩国人（包括韩国的政治官员）就会觉得有必要部署"萨德"导弹防御系统，这就会削弱中国的战略威慑能力。

对于这个问题,我们也不是没有办法去应对。第一，中国一方面采取一些实实在在的措施给韩国施加压力，让韩国方面意识到和中国保持良好的经济、政治合作关系很重要，要考虑中国人的感受，考虑中国方面的利益。第二，我们还要考虑到，现在韩国国内政治处于过渡期，"萨德"的部署还没有最后定下来，肯定还会有一些变数，我们要抓住这个时机做更多的工作，让韩国方面认识到朝鲜的主要威胁并不是核武器，要考虑到中国方面的利益。比如说，韩国用来监测朝鲜的雷达是不是可以换一换，不要削弱中国的战略威慑能力，等等。 第三，我们还有其他的应对之策。即使韩国部署了先进的雷达，但我们可以发展更具威慑力的打击导弹，可以突破"萨德"防御系统。

总的来说，2016年，中国迎难而上，旗帜鲜明地提出自己的全球治理主张，反对倒退，反对贸易保护主义，反对排外主义，主张各国之间的合作共赢。作为世界上第二大经济体，中国积极地推动"一带一路"建设，给别的国家提供公共产品，真正扮演了大国角色，得到了国际社会的普遍赞赏和支持。在面临周边的棘手问题时，我们有理、有力、有节，抓住时机，促进这些问题发生转变。总的来讲，我们维持了一个相对良好的国际环境和比较稳定的地区环境，为中国国内的改革发展创造了良好的外部条件。

（二）中国经济发展特点

中国在经过三十多年的持续高速增长后，2015—2020年中国经济社会发展进入到增长新阶段，正在发生如下九个方面的经济趋势变局。中国经济发展变局蕴含着很丰富的内容，需要中国在认清当前经济形势现状的前提下，适应新常态，引领新常态，力争抓住其中新机遇，迎接新挑战，开创更美好的未来。

1. 经济结构进一步优化

2016年，中国经济结构进一步优化，成为明显亮点。"十二五"时期，中国服务业有了长足发展，到2015年，服务业增加值占国内生产总值的比重达到50.5%，首次过半。2016年，这一比重又上升到51.6%。中国经济正在经历从以工业为主导的时代向以服务业为主导的时代即后工业化时代的重大转变。中国即将拥有高质量、多元化、精细化的生活性服务业，金融密集、知识密集、科技密集、人力资本密集的生产性服务业，这是走向比较发达经济体的重要结构特征之一。与此同时，中国工业结构也在不断优化升级，高技术产业和装备制造业增速明显快于一般工业。2016年前三季度，高技术制造业增加值对工业增长的贡献率达到20%以上。中国高技术产业增加值、出口额、出口增加值均已超过美国，居世界首位，表明中国正在向高技术制造第一大国快速升级。2016年的结构升级亮点是供给侧结构性改革扎实推进取得的重大成果，表明中国新旧增长动能正在加速转换。

2. 服务经济超过工业经济

改革开放以来，在快速推进工业化过程中，工业经济一直是主体力量，但2001年至2013年间，第三产业增加值占GDP的比重年均实际增长10.6%；2013年三产占比达到了46.1%，首次超过二产占比的43.9%；2014年三产占比达到48.2%；2015年上半年三产占比进一步提升到49.5%，2016年中国三产占GDP比例为51.6%。服务业对经济增长的贡献度从2010年四季度的不足四成，上升到如今的五成多。从宏观角度不难看出，服务经济已经日益成为发展的大方向。预计到2020年，三产占比可达55%以上。服务经济比重的提升对中国经济会产生多方面的影响，如导致经济增速下降、就业压力减轻、能耗水平下降、生活品质提高等。

3. 移动互联网颠覆传统领域

新一轮全球技术革命在移动互联网领域取得了巨大的进展，中国在移动互联网技术的研发特别是应用领域也有不错的表现。数据显示，2016年中国移动互联网信息服务市场总收入达到13786亿元，同比增长12%，对GDP增长的贡献约为1.52%，对GDP增长率的贡献约为0.20%。移动互联网对人类的生产生活方式带来了革命性的影响和冲击，对几乎所有行业特别是传统行业(如商业、传媒、通讯、出租车、金融等)带来了颠覆性影响和冲击。一些传统行业若不与移动互联网连接起来，很快就会为大多数消费者所抛弃。

城镇化进程加快推进。21世纪以来，中国城镇化发展迅速，2002年至2011年，城镇化率以平均每年1.35个百分点的速度发展。2011年城镇人口比重达到51.27%，较2010年的49.95%提高了1.32个百分点，首次超过50%，城镇人口开始占据主导地位。2016年城镇化率提升到57.35%。虽然目前还有一部分城镇人口属于没有解决户口的"半城镇化"，但其实际居住地、工作地、生活方式等已基本城镇化。而且，随着交通、通信等基础设施的大规模改善，城乡经济交流的日益频繁，许多农村特别是郊区农村和交通沿线农村已基本城镇化了，即大致享有与城市居民接近的城市文明生活。

4. 区域融合渐成潮流

虽然行政区划限制、画地为牢、地方保护主义等区域分割现象仍然存在，有的地方还很突出，但区域融合或区域经济一体化的大势渐成潮流。新一届中央领导正在着力推动的"一带一路"、京津冀协同发展、长江经济带等就是明证。

5. 人口红利开始消失

1990年中国进入人口红利期，1990年至2010年人口红利逐步提升，2010

年抚养比下降到34.2%最低值、人口红利上升到峰值；其后人口红利逐渐衰减，预计2030年前后衰减为零并随即转变到人口负债期；而后负债率逐步走高，2050年抚养比将达到62%左右，负债率也将创出新高。

实际情况是：国家统计公报显示，2011年中国15～64岁劳动年龄人口(即生产性人口)占总人口的比重为74.4%，比2010年微降0.1个百分点，总抚养比由34.17%上升到34.35%；2012年，劳动年龄人口占比为74.1%，较2011年继续下降0.3个百分点。这意味着中国人口红利消失的拐点已经出现。

6. 改革创新以降低成本

低成本一直是中国产品在国际市场上竞争的有力武器，但在不经意间中国经济已进入"高成本时代"：土地成本、原材料成本、能源成本、环保成本、人才成本、劳动力成本、资金成本、知识产权成本、物流成本、交易成本等各种成本全面上升，这对产业发展带来了巨大的挑战。总之，2016年中国经济增长在新常态下运行在合理区间，就业保持基本稳定。

（三）中国社会文化发展特点

根据中国人民大学创意产业技术研究院发布的"中国省市文化产业发展指数（2016）"，中国文化产业发展表现出以下特点：首先，呈现稳步增长态势。2016年中国省市文化产业的均值达到了73.71，比2015年的73.65略有上升，且从2010年起，年平均增长1.08%。其次，东部地区文化产业发展水平较高，但中西部增速较高。这表现在，2016年综合指数排名前十的省市中，除四川、江西以外，其余均位于东部地区；增长最快的10个省市中，有8个位于中西部地区。最后，从均衡度来看，2015-2016年整体呈现波动上升趋势，说明文化产业的生产力、影响力、驱动力得到均衡发展。

1. 文化与科技融合成风向标

2016年，文化与科技的融合日益紧密和深化。根据"中国省市文化产业发展指数（2016）"，二级指标科研环境指数得分为70.79，和2015年相比，继续提高，科研投入和技术应用都迈上更高台阶。

具体表现如下： VR技术、AR技术、虚拟增强技术、人工智能等在文化之间的交互和融合不断深入。百度、阿里、腾讯、小米、乐视、暴风、爱奇艺、360甚至芒果TV均积极谋划VR布局，为"VR元年"锦上添花。另外，国家文化科技创新工程不断推进，对文化领域共性关键技术研究、传统文化产业的优化和升级、新兴文化产业的培育和发展起到了重要作用。

2. 文化与金融密不可分

2016年，各级政府出台文化金融相关政策，形成导向性影响，也吸引了社会资本对文化金融的关注度。根据"中国省市文化产业发展指数（2016）"，二级指标文化资本指数得分为76.74，普遍高于其他同级指数，而且各省市分值差较小，说明全国文化金融在政策引导下保持良好的发展态势。

具体表现如下：首先，财政部文化司成立，从文化司的职能涵盖范围看，大文化产业和融合性产业的政府财政视角将越来越明朗；其次，财政部下达44.2亿元文化产业发展专项资金，有力地支持了文化体制改革和文化产业发展，且专项资金实施方式确定为"基金化+重大项目"模式；再次，文化行业首次纳入国家PPP推广战略，促进了文化领域的投融资创新尝试；最后，文化企业上市热潮高涨，截至2016年11月，全国共有1192家文化企业挂牌新三板。总体上，文化金融的发展越来越深入。

3. 文化企业品牌建设进一步加强

2016年，中国文化企业更加注重品牌建设，品牌价值链开发，品牌认知度、影响力和辐射力等因素。

根据"中国省市文化产业发展指数（2016）"，二级指标社会影响指数得分为75.91，和2015年相比有所提高，说明文化企业的品牌影响力进一步增强。不仅BAT互联网巨头驰名中外，其他一些优秀文化企业自主品牌也在APEC、G20等重大国际会议中惊艳亮相，在发挥品牌价值的同时，提升了中国文化企业品牌的国际话语权。

4. 文化消费拉动作用明显

2016年，中国文化消费市场活跃。具体表现如下：首先，文化消费持续增长。根据"中国文化消费指数（2016）"，中国文化消费综合指数持续增长，由2013年的73.7增至2015年的81.5，平均增长率为3.4%。其次，文化消费各环节都在改善和优化中。文化消费环境、文化消费意愿、文化消费能力指数、文化消费满意度均呈上升趋势，其中文化消费环境指数上升速度最快。最后，文化消费政策利好进一步扩大。2016年，文化部在全国范围内开展引导城乡居民扩大文化消费试点工作。第一批共两次先后设立国家文化消费试点城市共45个，有力地拉动了文化消费的增长。

5. IP开发热潮呈井喷之势

2016年，IP继续呈井喷之势。互联网、影视等各类资本强势进驻IP产业链，使得IP站在了内容时代的潮头之巅。根据"中国省市文化产业发展指数（2016）"，二级指标市场环境2016年得分为78.32，比2015年有小幅上涨，说明版权资产运营管理正在不断完善。

首先，IP跨界成热点。原创文学、游戏、影视、卡通形象等优质IP广受关注，尤其是影游跨界IP，凭借"怀旧""情怀"等情感体验，与消费者保持了良好互动，创意营销吸引了粉丝共鸣，逐渐成为资本新宠。其次，IP开发也受到专门法律法规的保护。2016年4月，中国资产评估协会制定并发布了《文化企业无形资产评估指导意见》，为文化企业版权资产运营管理提供支持，促进了版权创造、运用、保护、管理这一全价值链条的逐渐完善。

6. 文化产业百花齐放

电影产业发展回归理性。中国电影产业在经历了2015年同比增长48.7%的爆发式阶段后，于2016年进入平缓增长的"新常态"。

首先，电影仍然是最受欢迎的文化产品。根据"中国文化消费指数（2016）"，电影在受欢迎的文化产品中排名第一。其次，电影票房进入理性增长期。2016年，中国电影票房增幅收窄，中国票房市场规模稳定在了450亿人民币左右，同比增幅只有2.1%。最后，法制环境进一步优化。2016年11月7日，全国人大常委会第二十四次会议表决通过《电影产业促进法》。这一里程碑式法律的出台，使电影市场有法可依，逐渐规范。

数字创意产业迎来重大政策利好。2016年，国家加大对数字创意产业的扶持力度。数字创意产业首次纳入国家战略性新兴产业发展规划，获得重大利好政策，将进入高速发展期。12月，国务院印发《"十三五"国家战略性新兴产业发展规划》，提出到2020年，战略性新兴产业增加值占国内生产总值比重将达到15%。数字创意产业，成为要重点培育的5个产值规模达10万亿元级的新支柱产业之一。

2016年，中国音乐产业更进一步地迈向成熟，产业结构逐步优化，发展空间和市场潜力巨大。具体来讲，主要有以下亮点：首先，在线音乐并购整合，格局大变。2016年7月15日，QQ音乐与海洋音乐合并，成立腾讯音乐娱乐集团，充分发挥版权集成优势，占有绝对的市场份额。这样一来，腾讯音乐娱乐集团、网易云音乐、阿里音乐构成了在线音乐的"新三国"格局，竞合博弈，谋求共赢。其次，"音乐+消费""音乐+影视""音乐+直播""音乐+电商"等创新模式不断涌现，为音乐市场注入新鲜活力。

2016年，中国网络游戏产业整体呈现快速、稳定的良好发展态势。一是产业链日益完善，产业环境逐渐成熟；二是在游戏品种、数量、题材类型、市场规模和从业人员数量等方面，都实现了持续、快速增长；三是本土原创网络游戏开始积极拓展海外市场；四是游戏直播、影游融合成为游戏行业发展新模式。

根据"中国文化消费指数（2016）"，游戏行业的受欢迎程度相比2015年，提高了10%左右。2016年，中国游戏市场实际销售收入达到1655.7亿元，同比增长17.7%。其中，电子竞技游戏市场实际销售收入达到504.6亿元，占中国游戏市场实际销售收入的30.5%。

2016年，国产动漫发展迅速，不仅出现了《十冷》《大圣归来》等优秀动漫作品，而且催生了规模持续扩大的二次元经济。首先，原创动漫公司与互联网巨头合作，原创和资本的完美组合，推动了国产动漫迅速发展。A站、B站分别划归阿里、腾讯旗下，奥飞动漫9亿全资收购"有妖气"，光线传媒成立彩条屋。其次，不断增长的用户规模成为二次元经济发展的重要推动力，其中年轻用户是主力。

2016年，中国旅游市场规模稳步扩大，除主题公园、旅游演出、文化艺术园区等旅游新业态之外，特色小镇独具竞争优势。根据"中国文化消费指数（2016）"，与2015年相比，2016年文化旅游的消费人数增幅较大，在十大文化产品/服务的消费支出水平方面，文化旅游位居第一。随着"到2020年，培育1000个左右各具特色、富有活力的休闲旅游、商贸物流、现代制造、教育科技、传统文化、美丽宜居等特色小镇"这一国家目标的提出，文化旅游市场又将迎来新的繁荣期。在首次入选的127个小镇中，有100个与文旅产业有关，占比78.74%。尤其是中西部地区的特色小镇，基本都与文旅产业开发有关。特色小镇嫁接特色旅游，为文化旅游发展提供了新方向。

2016年，堪称网络直播元年。一方面，网络直播行业呈现井喷状态。国内提供互联网直播平台服务的企业超过300家，网络直播用户规模达到3.25亿，市场营收达到200亿元，同比增长超过200%。

概而言之，2016年中国文化产业链结构不断优化，附加值显著提高。产业链前端创新能力显著增强，IP跨界成为内容原创动力；产业链中端受VR、"互联网+"等技术革命推动，规模化、集约化生产水平大幅度提升；产业链末端文化企业发力品牌建设，文化消费潜力得到进一步释放。此外，人才、资金、版权等文化产业要素市场不断完善，为发展注入了新动力。关键环节积极创新，重点行业百花齐放，中国文化产业发展逐渐有了新动能、新成就、新机遇。

（四）中国科技发展亮点

进入2016年，中国科技创新领域捷报频传。超级计算机的中国速度、"潜龙二号"的中国深度、20多次航天发射任务的中国高度，不断刷新中国智造的新纪录。从量的积累到质的飞跃，从望尘莫及到同台竞技，中国科技创新取得了新成果，为各行各业带来了新应用，为经济发展提供了新动力。一大批最新科技创新成果，深刻影响着经济社会生活的每一个角落，发挥着强大的引擎力量，驱动着"中国号"巨轮扬帆远航、逐梦远方。

1. 生物科技一马当先

3月，暗物质粒子探测卫星"悟空"号圆满完成三个月的在轨测试任务，顺利交付用户单位。以寻找和研究暗物质粒子、研究宇宙线起源等任务为己任的"悟空"踏上"取经"路，有望让中国在暗物质粒子探测和宇宙线物理这两大世界前沿问题和前沿学科的探索上取得突破。

4月，中国首颗微重力科学实验卫星——"实践十号"返回式科学实验卫星顺利完成12天太空飞行，其回收舱准确降落在预定着陆区域。作为中国开展微重力科学和空间生命科学实验项目最多的卫星，它的回收舱和留轨舱承担了19项实验，在全球首次实现了哺乳动物胚胎在太空的发育。这些实验将陆续带来一大波具有自主知识产权的重大创新科技成果，帮助科学家们解决生物技术、高新材料和生命科学等领域的难题。

2. 海洋勘探实现突破

1月10日，中国自主研发的水下机器人"潜龙二号"成功首潜。酷似电影《海底总动员》主角小丑鱼"NEMO"的"潜龙二号"，在国内首次采用前视声呐作为避碰控制设备，在西南印度洋完成了9个小时的海底探秘之旅，中国自主研发的4500米级深海资源自主勘查系统（AUV）首次在洋中脊海底勘探，让中国第一次获得西南印度洋多金属硫化物勘探合同区断桥热液区的精细海底地形地貌图。

6月，中国首颗地球同步轨道高分辨率对地观测卫星高分四号正式投入使用。作为当今世界上地球同步轨道分辨率最高的对地观测卫星，高分四号卫星将显著提升中国对地遥感观测能力。

3. 航天技术超越自己

6月25日，长征七号运载火箭成功发射，成为中国首次在海洋环境发射的火箭，也是中国目前运载能力最大、发射占位最短的火箭，刷新了中国航天史上的多个纪录，掀开了中国运载火箭发展的新篇章。作为中国首枚全生命周期的数字火箭，长征七号代表了中国运载火箭最高研制水平，而低纬度的海南文昌航天发射场，也借此实现了自己的发射首秀。

4. 超级神算领先国际

6月20日，德国法兰克福国际超算大会（ISC）公布了新一期全球超级计算机TOP500榜单，中国的"神威·太湖之光"以超第二名近三倍的运算速度成为"世界最快计算机"。作为超级神算子，它实现了包括处理器在内的全部核心部件的国产化，更开始了"算以致用"的征程。

依托"神威·太湖之光"，科研团队能够全面提高中国应对极端气候和自然灾害的防灾减灾能力；国家计算流体力学实验室将为"天宫一号"顺利回家提供精确预测；药物筛选和疾病机理研究的时间大大缩短……打赢超算速度战的我们，正在打一场超算应用战。8月，1米分辨率雷达遥感卫星高分三号的发射，中国自主高分辨率遥感数据类型将因此进一步丰富。年内，我们还将迎来天宫二号空间试验室和神舟十一号载人飞船的发射，中国航天员将再征太空；一条连接北京与上海，贯穿济南、合肥等地的千公里级城际远距离量子通信骨干网"京沪干线"即将建成；2016年总装下线的C919大型客机在2017年完成首飞；量子科学实验卫星和硬X射线调制望远镜卫星也有望在下半年相继发射。

第二章 2016年中国会展业的数据分析

　　2016 年世界经济呈现出缓慢复苏的态势，但是英国的"脱欧"公投、全球金融的剧烈震荡以及贸易保护主义的重新抬头等不利因素使全球经济充满了更多的不确定性。在这种背景下，中国政府审时度势，通过稳步推进"一带一路"倡议、供给侧改革、制造业创新等措施，社会经济依旧保持了平稳健康发展。会展业作为投资与贸易的重要平台以及现代服务业的重要组成部分，不仅在服务国家总体战略方面发挥了积极作用，而且行业自身也呈现出许多新的发展态势。

一、会展规模稳健增长

　　2016 年中国会展业总体上呈现出稳中向好态势。根据商务部有关展览数据汇总的全国展览规模、效益、贡献度三部分不完全统计，比对相关部门发布的2016年会展数据及亚太会展研究评估中心的定向城市会展数据分析，2016年全国举办展览10317场，比2015年增加8.42%；展出面积13040万平方米，比2015年增加10.19%；50人以上专业会议93万场，比2015年增加9.3%；万人以上节庆活动7.5万场，比2015年增加13.8%；出国境展览面积83.5万平方米，比2015年增加14.4%；提供社会就业岗位1983万人次，比2015年增加0.66%；直接产值5061亿人民币，比2015年增加16.5%；拉动效应4.5万亿人民币，比2015年增加15.4%，对社会的贡献度比较大。

　　根据数据分析，展览面积达500万平方米的一线会展城市仍然是北京、上海、广州、重庆。2016年这四个城市共举办展览2525场，占全国展览项目总数的24.47%；展览面积为3975万平方米，占全国展览总面积的30.48%（见表2-1）。

表2-1　2016年一线会展城市举办展览会情况

项目＼地区	北京	上海	广州	重庆	总计
展览数量（场）	867	816	245	597	2525
展览面积（万平方米）	674	1605	908	788	3975

2016年展览面积超过200万平方米的二线会展城市新增南昌、厦门和长沙。15个城市共举办展览项目3458场，占全国展览项目总数的33.52%；展览面积为4279万平方米，占全国展览总面积的32.81%（见表2-2）。

表2-2　2016年二线会展城市举办展览会情况

地区＼项目	厦门	东莞	成都	沈阳	武汉	青岛	深圳	杭州	长沙	西安	南京	郑州	南昌	苏州	宁波	总计
展览数量（场）	230	61	196	361	294	226	107	204	201	185	394	238	174	263	324	3458
展览面积（万平方米）	215	349	344	315	267	298	309	206	203	270	431	236	220	238	378	4279

2016年展览面积超过100万平方米的三线会展城市新增长春和昆明，13个城市共举办展览项目1387场，占全国展览项目总数的13.44%；展览面积为1961万平方米，占全国展览总面积的15.04%（见表2-3）。

表2-3　2016年三线会展城市举办展览会情况

地区＼项目	哈尔滨	长春	合肥	贵阳	天津	大连	昆明	潍坊	福州	呼和浩特	临沂	佛山	济南	总计
展览数量（场）	40	141	187	150	127	106	99	102	24	116	109	30	156	1387
展览面积（万平方米）	144	197	194	146	191	127	149	138	100	134	124	137	180	1961

　　2016年展览面积超过50万平方米的四线会展城市（17个城市），共举办展览项目1046场，占全国展览总数的10.14%；展览面积为1272万平方米，占全国展览总面积的9.75%（见表2-4）。

表2-4　2016年四线会展城市举办展览会情况

地区 项目	洛阳	昆明	威海	太原	乌鲁木齐	无锡	义乌	中山	南宁
展览数量（场）	59	59	58	108	55	84	37	73	72
展览面积（万平方米）	50	97	65	83	91	90	90	98	73

地区 项目	昆山	海口	台州	绵阳	泸州	兰州	温州	锦州	总计
展览数量（场）	63	61	40	40	39	84	53	61	1046
展览面积（万平方米）	71	65	53	78	85	62	60	61	1272

　　我国会展经济经过30多年发展，从沿海发达地区逐步向中西部发展，从环渤海、长三角、珠三角三个会展经济圈，已向东北亚、中西北、南亚等地区扩展，截至现在，基本已形成全国六个会展经济圈（见表2-5至表2-10）。

表2-5　2016年环渤海会展经济圈举办展览会情况

地区 项目	北京	天津	河北	山西	湖北	总计
展览数量（场）	867	127	281	129	294	1698
展览面积（万平方米）	674	191	276	96	267	1504

表2-6　2016年长三角会展经济圈举办展览会情况

地区 项目	上海	浙江	江苏	安徽	江西	山东	总计
展览数量（场）	816	829	966	263	181	862	3917
展览面积（万平方米）	1605	938	962	242	230	1033	5010

表2-7　2016年珠三角会展经济圈举办展览会情况

项目 \ 地区	广东	福建	海南	总计
展览数量（场）	621	257	61	939
展览面积（万平方米）	1909	327	65	2301

表2-8 2016年东北亚会展经济圈举办展览会情况

项目 \ 地区	黑龙江	吉林	辽宁	内蒙古	总计
展览数量（场）	49	164	709	181	1103
展览面积（万平方米）	171	217	637	188	1213

表2-9 2016年中西北会展经济圈举办展览会情况

项目 \ 地区	四川	重庆	陕西	河南	青海	宁夏	甘肃	新疆	总计
展览数量（场）	685	597	185	373	23	41	84	56	2044
展览面积（万平方米）	726	788	270	355	34	43	62	95	2373

表2-10 2016年南亚会展经济圈举办展览会情况

项目 \ 地区	云南	湖南	贵州	广西	总计
展览数量（场）	99	210	150	157	616
展览面积（万平方米）	150	232	146	111	639

　　以上数据表明，我国东部沿海地区会展产业仍处于领先地位。以北京为龙头的环渤海会展经济圈、以上海为龙头的长三角经济圈、以广东为龙头的珠三角会展经济圈，2016年共举办了6554场展览会，占全国的63.5%；展出面积为8815万平方米，占全国的67.6%。内陆地区的东北亚、中西北、南亚三个会展经济圈，2016年共举办3763场展览会，占全国的36.5%；展出面积为4225万平方米，占全国的32.4%。

表2-11 2015—2016年中国各省市区会展数据比较

项目 / 地区	2016年		2015年	
	办展数量（场）	办展面积（万平方米）	办展数量（场）	办展面积（万平方米）
广东省	621	1909	617	1724
上海市	816	1605	749	1513
山东省	862	1033	635	878
江苏省	966	962	690	691
浙江省	829	938	833	854
重庆市	597	788	749	702
四川省	685	726	645	622
北京市	867	674	789	613
辽宁省	709	637	677	608
河南省	373	355	378	323
福建省	257	327	239	303
河北省	281	276	279	274
陕西省	185	270	215	260
湖北省	294	267	336	307
安徽省	263	242	254	242
湖南省	210	232	114	199
江西省	181	230	122	120
吉林省	164	217	153	190
天津市	127	191	260	346
内蒙古自治区	181	188	86	95
黑龙江省	49	171	29	216
云南省	99	150	59	97
贵州省	150	146	136	128
广西壮族自治区	157	111	132	113
山西省	129	96	130	96
新疆维吾尔自治区	56	95	52	86
海南省	61	65	62	86
甘肃省	84	62	72	42
宁夏回族自治区	41	43	33	38
青海省	23	34	21	38
总计	10317	13040	9516	11834

表2-12 2010-2016年全国会展业综合数据比较

项目 年份	展览 （场）	面积 （万平 方米）	会议 （万 场）	节庆 （万 场）	出展 面积 （万平 方米）	就业 （万人 次）	直接 收入 （亿 元）	占GDP （%）	占第三 产业 （%）	拉动 效应 （万亿 元）
2010	6200	7440	53	6.3	51.8	1900	2482	0.62%	1.45%	2.2
2011	6830	8120	64.2	6.5	60	1980	3016	0.64%	1.48%	2.7
2012	7813	9098	72.6	6.9	69.3	1950	3587	0.69%	1.54%	3.2
2013	7851	10344	76.5	6.1	61.8	1960	3796	0.67%	1.45%	3.4
2014	8592	11047	81.2	6.3	70.7	1963	4071	0.64%	1.33%	3.7
2015	9516	11834	86.5	6.59	73	1971	4358	0.64%	1.28%	3.9
2016	10317	13040	93	7.5	83.5	1983	5061	0.68%	1.32%	4.6

在这些展览数据统计中，经济贸易类展览占48%，消费类展览占43%，其他类（文化展等）占9%。根据展览数据分析，在以北京为中心的环渤海会展经济圈占16.4%，以上海为中心的长三角会展经济圈占全国的38.0%，以广州为中心的珠三角会展经济圈占全国的9.1%，以沈阳为中心的东北亚会展经济圈占全国的10.7%，以成都为中心的中西北会展经济圈占全国的19.8%，以昆明为中心的南亚会展经济圈占全国的6.0%。

根据数据分析，会展总产值在北上广重等一线会展城市中仍占35%，在深圳、成都、厦门等二线会展城市占36%，在天津、哈尔滨、合肥等三线会展城市占18%，在义乌、无锡、昆明等四线城市占11%。

二、场馆发展量增型大

2016年全国的场馆面积增长较快，全国目前5000平方米以上展馆270座，可租用室内展览面积为623万平方米，比2015年增加9%。全国场馆的平均利用率比2015年提升3个百分点。

从全国展览馆数量省份分布看，山东、浙江、广东、江苏、上海、北京、河北7地展览馆数量在10个以上，展览馆数量合计112个，约占全国展览馆总数量的59%；6个省、直辖市展览馆数量在5～9个之间，展览馆数量合计36个，约占全国展览馆总数量的19%；9个省、直辖市展览馆数量在3～4个之间，展览馆数量合计28个，约占全国展览馆总数量的15%；11个省、直辖市拥有2个或2个以下展览馆，展览馆数量合计13个，约占全国展览馆总数量的7%。

从展览馆室内租用总面积看，广东省以134万平方米位居全国首位，比2015年增加约33万平方米，占全国展览馆室内租用总面积的15%；山东省以106万平方米列第二位，展馆面积较上年增加59万平方米，占全国展览馆室内租用总面积的12%；上海市以86万平方米列第三位，占全国展览馆室内租用总面积的9%；江苏省和浙江省分别各以73万平方米并列第四，各占全国展览馆室内租用总面积的8%。

从城市分布数量上看，全国共有6个城市拥有4个以上展览馆，其中上海市拥有11个展览馆，是展览馆数量最多的城市；北京市拥有10个展览馆，居于第二位；杭州市拥有有6个展览馆，居第三位。有3个城市拥有5个展览馆，分别是广州市、沈阳市和重庆市；有2个城市拥有4个展览馆，分别是长沙和潍坊。大连市、海口市、合肥市等13个城市拥有3个展览馆，长春市、常州市、东莞市等17个城市拥有2个展览馆，包头市、蚌埠市、沧州市等66个城市只有1个展览馆。

1. 展览馆可租用面积情况分析：格局未有重大变化

具体到展览馆来看，前三大场馆格局与上年相比没有发生变化。目前中国规模最大的展览馆仍然是国家会展中心（上海），室内可租用面积达到40万平方米；中国进出口商品交易会展馆室内可租用面积约34万平方米，位列第二；昆明滇池国际会展中心室内可租用面积约30万平方米，位列第三。广州国际采购中心、上海新国际博览中心和重庆国际博览中心室内可租用面积同为20万平方米，并列第四；天津梅江会展中心和武汉国际博览中心室内可租用面积为15万平方米，并列第七。2016年室内可租用面积在10万平方米以上的展览馆见表2-13。

表 2-13 2016 年室内可租用面积10 万平方米以上展览馆一览表

排名	展览馆	室内可租面积（平方米）
1	国家会展中心（上海）	400000
2	中国进出口商品交易会展馆	338000
3	昆明滇池国际会展中心	300000
4	广州国际采购中心	200000
5	上海新国际博览中心	200000
6	重庆国际博览中心	200000
7	武汉国际博览中心	150000
8	天津梅江会展中心	150000
9	合肥滨湖国际会展中心	140000
10	福州海峡国际会展中心	120000
11	青岛国际博览中心	120000
12	寿光国际会展中心	120000
13	义乌国际博览中心	120000
14	成都世纪城新国际会展中心	110000
15	中国国际展览中心（新馆）	106800
16	沈阳国际展览中心	105600
17	深圳会展中心	105000
18	广东现代国际展览中心	100000
19	长春国际会展中心	100000
20	苏州国际博览中心	100000

2. 展览馆举办展览数量情况分析：东部占绝对优势地位

从展览会数量上看，上海新国际博览中心2016年共举办136次展览会，比2015年增加6个，位居全国第一；深圳会展中心2016年共举办96次展览会，位列全国第二；中国进出口商品交易会展馆2016年共举办88次展览会，位居全国第三；上海世博展览馆2016年共举办86次展览会，位居全国第四；成都世纪新城国际会展中心2016年共举办了84次展览会，位居全国第五。2016年举办40次以上展览会的展览馆见表2-14。

表2-14 2016年举办40次以上展览会的展览馆一览表

排名	展览馆	展览馆面积（平方米）	展览会举办次数
1	上海新国际博览中心	200000	136
2	深圳会展中心	105000	96
3	中国进出口商品交易会展馆	338000	88
4	上海世博展览馆	80000	86
5	成都世纪城新国际会展中心	110000	84
6	中国国际展览中心（老馆）	60744	84
7	国家会议中心	40000	75
8	广州保利世贸博览馆	71400	73
9	郑州国际会展中心	74000	70
10	西安曲江国际会展中心	64000	57
11	上海光大会展中心	34000	55
12	济南国际会展中心	55000	50
13	青岛国际会展中心	55000	48
14	武汉国际会展中心	50000	45
15	国家会展中心（上海）	400000	42
16	天津梅江会展中心	150000	41

3. 展览馆展会租用面积情况分析：一线城市出现领跑趋势

从展览会租用总面积来看，上海新国际博览中心2016年展览会租用面积约为743万平方米，位居全国第一；中国进出口商品交易会展馆2016年展览会租用面积约为680万平方米，居全国第二；国家会展中心（上海）2016年展览会租用面积约为424万平方米，位居全国第三。2016年展览会租用面积在100万平方米以上的展览馆见表2-15。

表2-15 2016 年展览会租用面积100万平方米以上的展览馆一览表

排名	展览馆	展览会总面积（万平方米）
1	上海新国际博览中心	743
2	中国进出口商品交易会展馆	680
3	国家会展中心（上海）	424
4	深圳会展中心	367
5	成都世纪城新国际会展中心	271
6	上海世博展览馆	227
7	广州保利世贸博览馆	221
8	郑州国际会展中心	207
9	中国国际展览中心（新馆）	205
10	西安曲江国际会展中心	195
11	天津梅江会展中心	172
12	济南国际会展中心	156
13	青岛国际会展中心	153
14	沈阳国际展览中心	149
15	中国国际展览中心（老馆）	145
16	国家会议中心	144
17	重庆国际博览中心	134
18	厦门国际会展中心	131
19	南京国际博览中心	124
20	广东现代国际展览中心	121
21	哈尔滨国际会展体育中心（哈尔滨国际会展中心）	106
22	长春国际会展中心	101
23	宁波国际会议展览中心	100

4. 展览馆利用率情况分析：整体利用率较低

数据显示，目前我国展览馆整体利用率还较低，2016 年租馆率在20%以上的展览馆见表2-16。2016年上海新国际博览中心租馆率最高，达到33.49%；深圳会展中心位居其次，租馆率达到30.89%。西安曲江国际会议中心排在第三位，租馆率为29.98%。

综合来看，有2个展览馆租馆率在30%以上，约占展览馆总数量的 1%；有10个展览馆租馆率在20%～30%之间，约占展览馆总数量的7%；有24个展览馆租馆率在10%～20%之间，约占展览馆总数量的16%；有115个展览馆租馆率在10%以下，约占展览馆总数量的76%。

表2-16 2016年租馆率20%以上的展览馆一览表

排名	场馆	租馆率
1	上海新国际博览中心	33.49%
2	深圳会展中心	30.89%
3	西安曲江国际会展中心	29.98%
4	广州保利世贸博览馆	26.97%
5	青岛国际会展中心	26.31%
6	西安绿地笔克国际会展中心	25.41%
7	成都世纪城新国际会展中心	25.23%
8	济南国际会展中心	23.98%
9	国家会议中心	23.01%
10	中国进出口商品交易会展馆	21.80%
11	郑州国际会展中心	20.92%
12	中国国际展览中心（新馆）	20.24%

三、会议产业持续发力

ICCA最近公布的数字显示，根据各目的地举办的国际会议场量，对国家和城市进行排名，广泛评估国际会议市场的发展趋势，2016年中国承办411场国际性会议，在世界排名第7位。美国、德国、英国分别以举办国际会议934场、689场、582场居于国家排名前三名。巴黎、维也纳、巴塞罗那分别以举办国际会议196场、186场、181场居于城市排名前三名，北京以113场排在第15位，上海以79场排第25位。综合到国内的主要会议目的地来看，北京、上海成为承接国际会议最多的会议目的地城市，杭州由于召开G20峰会，国际会议数量有所减少（见表2-17、2-18、2-19、2-20）。

表2-17 2016年全球20强会议目的地（国家）

排名	国家	会议数量（场）
1	美国	934
2	德国	689
3	英国	582
4	法国	545
5	西班牙	533
6	意大利	468
7	中国	410
7	日本	410
9	荷兰	368
10	加拿大	287
10	葡萄牙	287
12	葡萄牙	278
13	韩国	267
14	奥地利	258
15	澳大利亚	247
16	比利时	216
17	瑞典	216
18	土耳其	211
19	丹麦	204
20	瑞士	194

表2-18 2016年全球15强会议目的地（城市）

排名	城市	会议数量（场）
1	巴黎	196
2	维也纳	186
3	巴塞罗那	181
4	柏林	176
5	伦敦	153
6	新加坡	151
7	阿姆斯特丹	144
8	马德里	144
9	里斯本	138
10	首尔	137
11	布拉格	126
12	曼谷	121
13	都柏林	118
14	哥本哈根	115
15	北京	113

表2-19 2016年亚洲10强会议目的地（城市）

排名	城市	会议数量（场）
1	新加坡	151
2	首尔	137
3	曼谷	121
4	北京	113
5	香港	99
6	东京	95
7	台北	83
8	上海	79
9	吉隆坡	68
10	悉尼	61

表2-20　2016年中国10强会议目的地（内地）

排名	城市	会议数量（场）
1	北京	113
2	上海	79
3	西安	20
4	成都	20
5	南京	18
6	广州	16
7	武汉	15
8	杭州	12
9	苏州	12
10	深圳	11

1. 采用O2O模式。2016年我国举办会议93万场，参加会议人数上亿之多，已占会展业直接总产值的43.8%。会议带来的交通、餐饮、住宿等相关行业产值超过2万多亿元人民币。不管是企业、政府，还是各种组织，都有庞大的会议需求，会议行业正以惊人的速度不断发展，并带动了上下游相关产业（交通宾馆、餐饮购物、旅游文化交流、商品交易和投资洽谈）的集体提升。随着"互联网+"及"推动供给侧改革"等政策的提出，会务O2O市场的红利，被越来越多的创业者察觉，纷纷参与到"分蛋糕"的行列。关于中国会议O2O到底能走多远，是业界十分关心的话题。没有人敢轻易地给一个新生事物下结论，因为搞不好会落下"没有未来眼光""太过保守"等不利的名声。关于会议O2O能走多远的问题，与中国会议市场的结构有关。会议O2O市场价值的基础是中小企业会议市场，前提是不仅这个市场总量大，而且还可以被互联网标准化、模块化。可后来的运作情况却与先前的描述相去甚远。那就开始寻求新的突破，搁置自己的在线优势，到客户那里与线下的会奖公司同台竞争；再就是完全改变思路，向金融领域进发，充当会奖公司资金的提供者。

2. 重视会议技术。会议技术很重要。随着经济发展、科技进步，越来越多的新技术被应用到会议运营管理及服务的各个环节中，节省成本、提升效率、完成很多靠人工无法完成的工作，还可以让枯燥的会议运营管理及服务，甚至连参加会议这件事，都变得很好玩儿，进而让更多年轻人热爱这个行业，让更多参会者享受开会的过程。这是值得努力和期待的事，应该把关注的目光转移至那些默默地为会议业贡献新技术、新手段、新方法的人和他们的团队身上，并为他们送上更为热烈的掌声。

3. 不受经济形势影响。会议市场既与国家、全球的总体经济走势有关，又与不同行业的市场变动紧密联系在一起。在笔者看来，经济影响对会议市场的影响不会太大，主要原因是：一方面，中低端制造业受挫是经济下行的主要原因之一，而这部分市场对于会议产业的贡献本来就不大。好消息是，中国的经济结构不断优化，现代服务业占GDP的比重持续提升——根据国家统计局发布的数据显示，2016年服务业所占比重突破50%。这无疑为会议业未来发展带来利好。另一方面，只要中国GDP保持一定水平，就不用过于担心会议市场会变得很糟糕，因为会议市场波动的曲线总体上是与GDP相同的。

4. 回归会议价值。随着社会经济的发展与科技的进步，会议组织方与参会者群体对于会议本质的认识越来越接近于它的本来面目——追求会议内在的价值，而不是一味地被价格或者别的东西所左右。粗放式的办会模式，正在逐步走向尽头。

5. 会议体验是关键。会议目标的实现、流程的通畅性、服务的标准化与模式化，这些会逐步变成"标准配置"。会议参与者各方的体验，如线上的交互体验、线下的场景体验、专业服务与流程服务体验等，将成为决定会议品质的关键。

6. 整合服务与新技术应用成趋势。从行业发展趋势来看，经过近两年全行业性的结构化调整，市场需求的新增长点正日趋明确，需求结构也越来越成熟。来自企业的会议需求仍将是市场主力，协会的改革也将推动其采购行为更趋市场化，会议与奖励旅游行业正面临新的增长预期。同样，市场对整合服务的需求也进一步增强。

2016年，新技术的应用是会议行业的发展驱动力之一，主要体现在三个方面，第一是提升会议精准管理，第二是改进参会体验，第三则是增强会议活动持续传播与会后数据分析，挖掘会议深层价值。新技术的应用可以让会议的精度、广度和深度得到最大化的优化。市场在更高层面，关注会议和奖励旅游带有的营销属性和创意属性，对会议和奖励旅游服务和创意价值给予更多认同，同时对整合营销服务理念产生普遍认知。这是一个文创+旅游+营销的综合性行业，拥有光明前景，而且在"互联网+"的影响下，行业发展模式还会有更多创新机会。

例1：G20杭州峰会于2016年9月4日至5日举行。本届峰会的主题是"构建创新、活力、联动、包容的世界经济"，主办方共接待来自近70个国家中外媒体记者共1.8万人次，并成功举办12场新闻发布会。G20杭州峰会倡导"创新驱动型增长"，为世界经济注入新的动力。通过《二十国集团创新增长蓝图》，以科技创新为核心，带动发展理念、体制机制、商业模式等全方位、多层次、宽领域创新，推动创新成果交流共享。以新工业革命为先导，引领第四次工业革命浪潮。以数字经济为平台，开创物物相连、心心相通的新纪元。创新增长做到有共识、有计划、有保障，为全球经济增长开辟新的前景。G20杭州峰会，世界聚焦杭州，全球关注杭州，给杭州带来全面亮相世界的机会和新的发展机遇，推动杭州城市形象和软实力全面提升，成为杭州大步迈向国际化的新起点。

（1）杭州品牌效应空前放大。G20峰会上，杭州的自然之美与人文之美交相生辉，全方位展示历史与现实交融的独特韵味和魅力蝶变。历史文化名城、创新活力之城、生态文明之都、全球休闲旅游中心、国际会议会展目的地等称号已经成为杭州的新名片。杭州之美惊艳世界，为世人留下"最忆是杭州"的美丽印记。

（2）杭州综合实力显著提升。通过G20峰会，杭州的硬实力得以强化，交通等基础设施愈加便利完善，城市承载力和服务功能明显增强，各行业受到直接提振，以互联网为核心的科技创新驱动力强劲，国际合作势头迅猛，经济获得中长期发展的新动能，杭州作为长三角南翼中心城市、区域经济枢纽、经济领头羊的角色得以巩固。同时，杭州软实力愈加提高，"国际范"的创新创业基因、优美舒适的自然环境、宽松自由的管理服务机制引起国际瞩目，杭州成为海内外资本和智力的投向地，产业凝聚力、人才吸引力、全球影响力得到很大提升。同时，峰会红利也惠及普通市民，大大增强市民的向心力、归属感和自豪感。

（3）杭州国际化水平实现大跨越。为办好G20杭州峰会，2016年7月11日，杭州市委审议通过《关于全面提升杭州城市国际化水平的若干意见》。杭州城市国际化是一项综合性系统工程，上至国家政策导向，中至城市规划设计，下至服务细节落实，要让国外元素"进得来、留得下"。

例2：2016第三届世界互联网大会于2016年11月16日至18日在浙江乌镇举办。大会期间，来自五大洲110多个国家和地区的1600余名嘉宾齐聚乌镇，围绕"创新驱动、造福人类——携手共建网络空间命运共同体"这一主题，进行坦诚交流，在思想交流、技术展示、经贸合作、共识形成等方面取得丰硕成果。大会围绕互联网经济、互联网创新、互联网文化、互联网治理、互联网国际合作等前沿热点共举办了16场论坛，主题突出、特色鲜明、富有深度；首次发布了15项世界互联网领先科技成果，汇聚全球尖端科技，引领未来发展；来自国内外310多家企业参加"互联网之光"博览会，展示新技术新产品；世界互联网大会组委会秘书处高级别专家咨询委员会发布《乌镇报告》，凝聚各方共识，成为大会标志性成果。大会不仅取得较大的社会影响，经济上也获得较大收益，乌镇直接收入2亿多元人民币，拉动周边经济收益达20多亿人民币。

四、出国展览进一步提质增量

1. 整体规模上升较快

出国境展览发展水平与国际经济形势和中国经济发展状况密切相关。2016年全球经济局势动荡，主要经济体缺乏增长亮点，风险事件频发，贸易增长更为低迷。在这一背景下，中国在对外贸易上做出了更大努力，通过出国参展推动中国产品走出去，提升国货的国际知名度和品牌影响力成为保障"中国制造"全球市场份额的重要手段。2016年，我国出国展览扭转2015年国别数、项目数"双降"的态势，实现了出展国别、项目数、展出面积和参展企业数的全面攀升。

全国97家组展单位共赴63个国家组织参展1492项，较上年增加了7%；展出面积为83.5万平方米，较上年增加了14%；参展企业数为5.84万家，较上年增加了12%。

2016年，亚洲依然是最主要的出展市场，赴亚洲参展项目数占总量的32.3%，参展面积占总量的31.4%，较上年有较大幅度的增长；西欧、北美出展规模紧随亚洲之后，赴东欧和俄罗斯、拉美及加勒比地区展览项目数和总面积所占比重均有所下降，赴非洲和大洋洲参展项目数和展览规模所占比重仍然较小。

（1）亚洲地区。就整体水平而言，亚洲会展业发展程度不及欧美地区，但在西欧、北美经济增速放缓、贸易保护主义抬头、中国不断努力推进亚洲地区贸易协定，倡导区域全面经济伙伴关系的背景下，亚洲已经成为中国最重要的出国参展目的地。中国企业赴亚洲其他国家和地区参展的绝对规模和相对比重较2015年都有所上升，项目数、参展总面积和参展企业数占比均超过30%。

2016年，赴亚洲地区出展项目数为460个，占全部出展项目数的32.3%，较上年增长4.7个百分点；展出项目数增加了78个，增长率为20.4%。2016

年，赴亚洲地区出展总面积约24万平方米，比上年提高28.1%，占出国参展总面积的31.4%，较上年增长3.8个百分点；赴亚洲地区参展企业16543家，较2015年增加了27.3%，占出国展参展企业总数的31.0%，提高3.5个百分点。

（2）西欧和北美地区。西欧、北美集中了全球大部分顶级行业展览会，展览市场发展成熟。多年来中国企业赴西欧、北美参展积累了大量经贸资源和品牌合作关系，西欧、北美地区始终是中国企业出国参展的重要地区。整体而言，2016年，赴西欧和北美地区出展项目总数为630个，比2015年增加10.9%；展出总面积35万平方米，较2015年增加21.9%；参展企业2.4万余家，较2015年增长23.8%。具体而言，在西欧和北美的参展情况出现了分化：赴西欧参展项目数和参展面积所占比重有小幅下降；赴北美参展项目数和展览面积有小幅提升。

①西欧地区：近年来，欧元区经济脆弱，英国脱欧对欧盟乃至世界经济造成重创。2016年，中国企业赴西欧地区参展数量得以维持，但西欧地区参展量所占比重有所下降。展览项目数为342个，占出展项目总数的24.0%，较上年下降0.8个百分点。出展总面积21.2万平方米，占总量的27.8%，较上年下降1.2个百分点。参展企业数13806家，占总量的25.9%，较上年下降1个百分点。

②北美地区：2016年，赴北美地区展览项目数为288个，占出展项目总数的20.2%，较上年增长4个百分点。出展总面积13.8万平方米，占总量的18.1%，较上年增长2.2个百分点。参展企业数10955家，占总量的20.5%，较上年增长2.1个百分点。

（3）拉美及加勒比地区：大宗商品价格走低，财政和经常账户失衡以及政策收紧为拉美及加勒比地区大宗商品出口经济体的前景带来负面影响。中国赴拉美及加勒比地区参展情况在经历2015年的短暂回升后，2016年再度出现大幅下跌情况。2016年，赴该地区的出展项目数为93个，较上年减少95个，占出展总项目数的6.5%，降低7.1个百分点；展出总面积4.5万平方米，较上年减少1.8万平方米，占出展总面积的5.9%，降低3.9个百分点。

（4）东欧及俄罗斯地区：2016年，俄罗斯经济发展颓势仍然未能得到有效扭转，中国企业赴东欧及俄罗斯的出展规模连年缩减，但平均参展面积有提升的趋势。2016年，赴该地区出展项目数为149个，较上年减少10个，占出展项目数的10.4%；展出总面积约7.1万平方米，较上年增加0.9万平方米，增长率为13.9%，占参展总面积的9.3%；参展企业4700余家，与上年基本持平，所占比重为8.9%。

（5）非洲地区：2014年，受埃博拉疫情影响，赴非洲参展规模大幅收缩，自2015年赴非洲参展规模有所回升后，2016年非洲地区参展项目数、参展面积和参展企业数量延续了增长态势，且平均参展面积有较大幅度的提升。2016赴非洲出展项目数为73个，比2015增加6个，增幅为9%；展出总面积4.4万余平方米，较上年增长1.4万平方米，增长率为47.2%；参展企业2902家，较上年增长45.1%（见图2-1）。

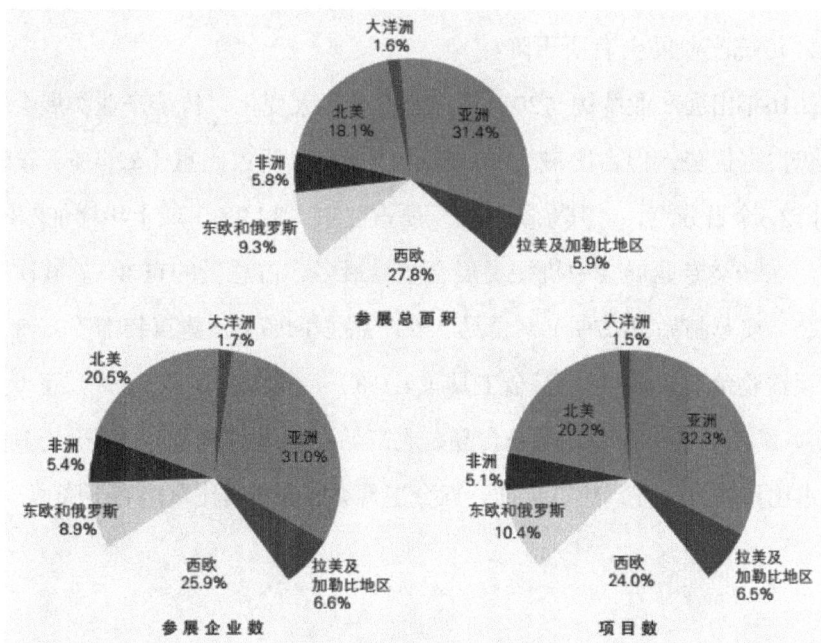

图2-1　2016年出国展览各大洲比例分布图

从国别层面来看，2016年出国参展项目数列居前10位的国家分别为：美国、德国、俄罗斯、阿联酋、印度、巴西、印度尼西亚、土耳其、泰国和墨西哥。我国赴上述10国的展览项目数量占全年总量的67.6%，展出总面积占全年总量的65.3%，参展企业数占全年总量的65.0%。与2015年相比，前10位国家排序变化不大，法国、意大利跌出前10，印度尼西亚、泰国进入前10。出国参展项目排名前10位的国家展览项目数量占全年总量的35.6%，比2015年提高1.7个百分点；展出总面积占全年总量的31.3%，较上年提高3.2个百分点；参展企业数占全年总量的30.5%，较上年提高0.5个百分点。

总的来说，2016年我国企业出国参展情况超出预期。但需要注意的是，全球经济虽然在缓慢复苏，但下行压力较大，新兴经济体延续疲软，包括美国、欧盟等在内的西方主要经济体已从过去"支持经济全球化"的政策立场上表现出倒退到一种相对孤立主义的倾向。在这一背景下，推动中国企业出国参展，提振对外贸易任务仍非常艰巨，组展和参展企业应做好更加充分的准备。

2. 传统产业展会有所下降

2016年出展产业结构与2015年相比没有太大变化，传统产业类展会在数量上仍占据优势，但占比最大的"综合类展会"所占比重（22.4%）较2015年下降2.4个百分点，"其余类展会"所占比重（32.2%）较上年增加2.3个百分点。在20类专业展会中机械类展会数量最多，占总量的11.8%。其次是纺织服装、皮革制品（8.7%），食品、农产品（6.4%），建筑装饰（5.5%），交通运输物流（5.4%），五金工具（4.1%），能源矿产（3.5%）等（见图2-2）。纺织服装、皮革制品，食品、农产品，交通运输物流，五金工具类展会所占比重略有上升，建筑装饰、五金工具类展会所占比重略有下降。

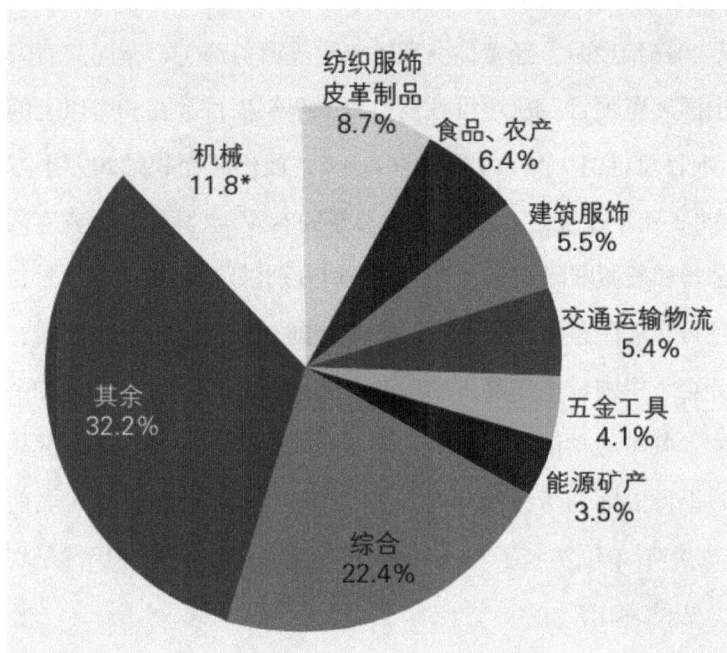

图2-2　出展产业项目数比重分布图

机械类展会。项目主要集中在印度、美国以及俄罗斯等国家。项目数比2015年增长3%，占比基本持平；展出总面积较2015年相比增长3.2%，比重降低1.2个百分点；参展企业数减少28.6%，占比降低1.1个百分点。

纺织服装、皮革制品类展会。项目主要集中在美国、德国与法国等国家。项目数比2015年增长4.2%，所占比重基本持平；展出总面积较上年增长19.8%，比重基本持平。

食品、农产品类展会。项目主要集中在美国、德国与泰国等国家。项目数比2015年增长13.6%，所占比重基本持平；展出总面积的数量和比重与2015年基本持平。

总体而言，机械，纺织服装、皮革制品，食品、农产品等传统产业类展会数量规模上呈不断扩大的态势，但参展企业数量有所下降，展会贸易平台功能仍有待完善。

3. 组展主体集中化趋势明显

截至2016年12月，经贸促会审批（会签商务部），全国共有97家组展单位实施出国展览项目。从项目数量上看，全年项目数在50个以上的组展单位有7家，项目总计519个，占总量的36.4%；展出总面积约20万平方米，占总量的28.5%；组织企业近1.6万家，占总量的31.4%。其中，西麦克国际展览有限责任公司和长城国际展览有限责任公司分别以110个和85个项目位居全国组展单位项目数前两位，紧随其后的是中国国际展览中心集团公司、贸促会机械行业分会、中国机电产品进出口商会。年组展项目数在20～50个的组展单位共16家，其中包括浙江远大国际会展有限公司、中国医药保健品进出口商会、福建汇源国际商务会展有限公司等。总体来说，项目数排名前25位，即前26.8%的组展单位实施了72.4%的全年出展量，组展主体仍然呈现较为集中的态势（见表2-21）。

表2-21 2016年出国参展实施情况（按项目数量统计排名前25位组展单位）

序号	组展单位	项目数		实际参展面积（平方米）		参展公司	
		数量	百分比	平方米	百分比	数量	百分比
1	西麦克国际展览有限责任公司	110	7.7%	41474	5.9%	3335	6.7%
2	长城国际展览有限责任公司	85	6.0%	35848.5	5.1%	2573	5.2%
3	中国国际展览中心集团公司	79	5.5%	47462.7	6.7%	3346	6.7%
4	贸促会机械行业分会	69	4.8%	21559.5	3.0%	1719	3.5%
5	中国机电产品进出口商会	65	4.6%	19849.5	2.8%	1563	3.1%
6	远大国际展览有限公司	57	4.0%	19711.6	2.8%	1734	3.5%
7	浙江远大国际会展有限公司	54	3.8%	16095	2.3%	1365	2.7%
8	福建汇源国际商务会展有限公司	46	3.2%	14533.3	2.1%	1385	2.8%
9	中国医药保健品进出口商会	38	2.7%	16598.5	2.3%	1625	3.3%
10	保利国际展览有限公司	37	2.6%	11544	1.6%	979	2.0%
11	贸促会电子信息行业分会	37	2.6%	13193	1.9%	891	1.8%

续表

序号	组展单位	项目数		实际参展面积（平方米）		参展公司	
		数量	百分比	平方米	百分比	数量	百分比
12	福建省福贸会展服务有限公司	36	2.5%	10664.8	1.5%	901	1.8%
13	中国电子国际展览广告有限责任公司	32	2.2%	11443.3	1.6%	953	1.9%
14	中国中轻国际控股公司	32	2.2%	13135.5	1.9%	1105	2.2%
15	商务部外贸发展事务局	27	1.9%	38491.5	5.4%	2644	5.3%
16	贸促会上海市分会	26	1.8%	6387.8	0.9%	342	0.7%
17	贸促会化工行业分会	25	1.8%	14826.6	2.1%	1320	2.7%
18	中国华阳经贸集团有限公司	25	1.8%	67761	9.6%	4464	9.0%
19	上海国际服务贸易（集团）有限公司	24	1.7%	9108	1.3%	447	0.9%
20	中国对外贸易中心（集团）	24	1.7%	13609.8	1.9%	1014	2.0%
21	贸促会江苏省分会	22	1.5%	4711.2	0.7%	350	0.7%
22	贸促会浙江省委员会	22	1.5%	8857.5	1.3%	670	1.3%
23	中国印刷及设备器材工业协会	21	1.5%	12328.2	1.7%	440	0.9%
24	贸促会轻工行业分会	19	1.3%	11446.1	1.6%	750	1.5%
25	中国食品土畜进出口商会	19	1.3%	7448.18	1.1%	644	1.3%

4. 自创品牌展会规模提升

浙江出口商品（大阪）交易会是精心打造的境外自办类展会的典型案例，主要有以下特点：一是举办的届数最长。自2008年至今已连续举办了9届。二是举办规模最大。每年保持在300多个摊位左右，9年间先后共组织1925家企业参展，展位数2981个。三是专业性强。从第一届开始参展商品种类随着参展绩效不断地往专业化、合理化调整。四是海外知名度高。以日本近畿经济圈地区为主向周围扩散，乃至在东京地区也享有很高的知名度。五是企业美誉度佳、回头率高。大阪展历年来的参展回头率达65%，堪比境外知名专业展会。六是办展绩效好。九年来总体意向成交5.65亿美元，不仅为浙江省企业长期提供了对日贸易平台，还为浙江省企业攻坚日本高品质市场，提供了"品质浙货 行销天下"的转型要素。

5. 赴"一带一路"国家参展稳步提升

截至2016年12月，全国83个组展单位共赴32个"一带一路"沿线国家实施参展计划602项，较上年增加83项，占总量的42.2%；展出总面积为30.2万平方米，较上年增加7.3万平方米，占总量的39.7%；参展企业为2万家，较上年增加0.4万家，占总量的37.4%（见图2-3）。

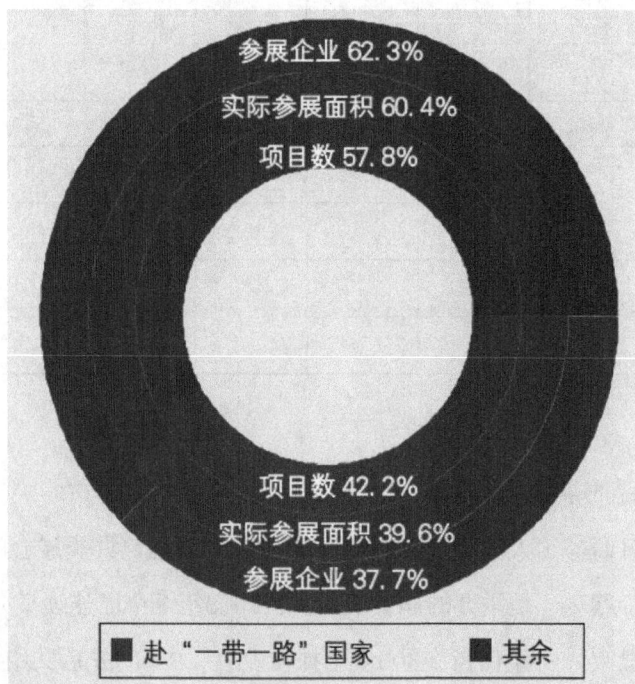

图2-3 赴"一带一路"沿线国家参展项目数比重分布图

从国别上看，项目数排名前10位的"一带一路"国家依次为：俄罗斯、阿联酋、印度、印度尼西亚、土耳其、泰国、越南、伊朗、波兰、新加坡。

其项目总数为501个，占赴"一带一路"沿线国家参展总项目数的83.2%；展出面积为24.5万平方米，占面积总数的81.1%；参展企业数为1.6万家，占企业总数的80%。上述10国中，俄罗斯、阿联酋、印度、土耳其同时也是排名位列出国参展项目数总量前10位的国家。从专业分类上看，赴"一带一路"沿线国家参展以综合类展会为主，占总量的17.8%。在专业类展会方面，机械占比最大，为16.1%；其次分别是食品农产品（6.5%）、建筑装饰（5.8%）、能源矿产（4.7%）、交通运输物流（4.3%）、医疗保健（3.9%）等。

（以上出国展相关数据及图表来源于《中国展览经济发展报告2016》）

第三章　2016年中国会展业的发展特点

一、会展业发展环境进一步优化

自2015年4月国务院发布了《关于进一步促进展览业改革发展的若干意见》以来，中央及各级地方政府高度重视展览业，先后出台了一系列切实有效的措施，不断优化展览业发展环境。一方面，在中央政府层面，为了更好地贯彻落实国务院意见，商务部不仅牵头成立了促进展览业发展的部级联席会议制度，为展览业的发展提供了更加有利的政策环境，而且在展览业的行业监管与服务方面也迈出了实质性的步伐。特别是商务部于2016年11月份印发的《展览业统计监测报表制度》，对进一步完善展览业的统计监测体系，科学、有效地开展展览业统计工作将发挥重要作用，为推动展览行业的健康发展提供了科学依据。另一方面，在地方政府层面，各地更是抓住展览业发展的有利时机，陆续出台了一系列政策措施，从财政、税收、人才、土地等多个方面给予展览业鼓励和扶持，为展览业的健康发展创造了良好的环境。

环境就是竞争力。良好有序的会展业发展环境，有利于调动各方参与会展业发展的积极性，有利于培育引进会展项目，也有利于做大做强会展产业。从"十三五"乃至更长时间内，二线及以下城市的会展扶持政策还将是推动城市会展业发展的重要支撑。

以宁波市会展业为例：

宁波的会展业资助政策已有多年的实践，按照适应新常态、培育新动能、促进新发展的需要，紧紧围绕提质增效这条主线，加快调整优化资助政策已是当务之要，越早调整越主动。宁波是国内较早出台展览业管理暂行办法的城市，但已"暂行"十年多。在当前简政放权、放管结合的大趋势下，有必要重新修订。既要遵循会展业发展规律，着力解决同质竞争的问题;也要尽量减少繁文缛节，着力加强事中事后监管。通过顶层设计研究，用有效的"管"促进更多的"放"。目前，宁波会展"十三五"规划出台，奖励补贴政策持续加大，会展机构功能不断加强。宁波市有会展业促进会、节庆联合会、会展经济研究所，从行业研究到自律与服务已比较完善。当前，重点要通过一些有效载体，拓展渠道，从更好地服务政府、服务企业上下功夫，不断提升在业内的影响力。

二、会展市场运行稳步提升

进入21世纪以来，在各级政府强力支持和展览市场逐步开放的多重利好下，中国会展业总体上呈现出展览会数量快速增长、展览产业规模快速扩张的良好态势。但是，面对近年来全球投资与贸易持续低迷、中国经济增速放缓的新形势，中国会展业同样步入了"结构调整、提质增效"的新时期。从2016年的总体发展态势看，经贸展览会的数量小幅回落，消费类展览有所增加;但是从展览面积看，仍呈现出稳步增长的态势。这意味着，展览会的平均规模和品牌影响力在不断提升。

在2016年第120届广交会习近平总书记贺信和李克强总理批示精神的鼓舞下，贯彻创新、协调、绿色、开放、共享发展理念，努力提升国际化、专业化、市场化、信息化水平，取得新的成果。境外采购商到会数量恢复性增长，成交额呈初步回稳态势。第120届广交会采购商报到185704人，来自213个国家（地区），比2015年秋交会增长4.6%;累计出口成交1873.01亿元人民币，比2015年秋交会增长3.2%。

2016年，在各方的共同努力下，中国展览业继续保持平稳发展态势，举办展览会规模和可供展览面积仍居全球首位，经济社会效益持续向好，发展新动能不断积聚。根据浙江省国际会展业协会统计，2016年，中国在专业展览场馆举办的各类境内展览会10317场，总展览面积13040万平方米。大型展会数量增多，平均单体展览规模持续提升，展览面积在10万平方米以上的展会数量达100场。全国可供展览室内面积在5000平方米以上且正在运营使用的专业展览馆270个，可供展览室内总面积623万平方米。日用消费品及居民服务，房屋建筑、装饰及经营服务，工业与科技领域展览数量排名居前三位。

三、展览地区集中程度稳步提高

越来越多的省份提出要大力发展会展业，但是，中国的会展业实际上主要集中在东部省市，而且集中程度相当高。就城市而言，公认的四大展览城市是北京、上海、广州、重庆，四个城市举办的展览约占全国总数的24.47%；就省份而言，居前6位的广东、北京、上海、浙江、江苏、山东举办的展览约占全国总数的48.1%。这也反映了我国会展业主要集中在制造业和经济发达省份的现状特点。

现阶段，西北是我国经济不发达的地区，自然条件较差，交通不很便捷，产业结构不太合理，展会硬件设施条件相对较差，相关的展览服务业也尚未发展起来，这些因素都阻碍了西北地区会展业的发展。从会展场馆来说，能够查询到的会展场馆只有11个，其中还包括了一些博物馆、广场等非正式会展场馆。此外，场馆规模也比较小。现在，随着国家西部开发战略的制定和实施，西北地区也将逐步成为会展的新热点。目前，华北地区共有展览馆20个，展览面积较小，有68.75%的展览馆展览面积在10000～30000平方米之间。从空间分布上看，展览馆主要集中在北京市和天津市且占该地区总数的61.11%。东北地区是我国传统老工业基地，它具有较强的工业基础，会展场馆大都集中在大连、沈阳以及哈尔滨等城市。西藏尚没有会展场馆。从集群的中心来看，华东地区展馆相对集中在上海、浙江、江苏和山东等省市；中南和港澳台地区的展馆主要集中在广东、香港和澳门等地；华北地区的展馆主要集中在北京、天津；而东北地区的展馆则主要集中在沈阳和大连；西南地区的展馆主要集中在成都和重庆，相对而言，我国的西北地区比较薄弱，只有西安在会展方面拥有一定的基础。

四、"一带一路"沿线展览成为新热点

"一带一路"进一步推动各方加强发展战略对接，深化伙伴关系，实现联动发展；在推进中国经济社会发展和结构调整的同时，推动国际合作，实现合作共赢。求木之长者，必固其根本；欲流之远者，必浚其泉源。共建"一带一路"合作倡议是中国向世界提出的最重要的合作设想，也是迄今受到最广泛欢迎的国际公共产品。目前，共建"一带一路"开局良好，进展顺利，已经得到超过100个国家和地区的积极响应，取得一大批早期收获成果。

中国会展业如何把握机遇、调整战略方向、寻找新增长点，这一话题在第十三届中国会展经济国际合作论坛上引起了与会代表的热议。在全球经济新常态下，世界会展业的版图正逐步转移到亚洲国家等新兴市场，新兴市场逐步成为世界会展业发展的新动力，特别是在"一带一路"倡议下，加强与沿线国家的互联互通，推动国际和区域层面的经济合作，更需要国际化的会展平台为金融、商贸、基建、文化等领域创造更多机会。"一带一路"倡议促进中国经济发展，推动沿线国家基础设施建设，提升贸易及投资价值，催生出中国及其他亚洲国家的新市场，既可以让中国产能和产品输出，也可以让中国企业参与更多国际联盟，与更多国外企业建立合作伙伴关系。

在"一带一路"倡议的引领下，"一带一路"沿线国家和地区成了出展市场新热点。"'一带一路'倡议可以促进区域合作，让沿线国家受益，也能够为泰国带来更多商机，实现共赢。"泰国会议展览局局长诺帕拉特·梅沙维库柴称，泰国愿意在"一带一路"建设中起到东盟的中枢作用，将充分

发挥自己的地理、物流、交通、经济优势，同时在泰国会展经济发展策略中也会紧密结合"一带一路"发展政策，更好地促进大湄公河次区域、东盟国家经济发展。

五、互联网为会展业注入新动力

会展业作为一种投资与贸易的促进平台，已经成为深受互联网影响的"先行领域"。近年来，不仅逐步涌现出一批专注于会展业务的互联网公司，而且传统网商也开始涉足会展业务。

阿里巴巴B2B事业群和亚洲最大的展会主办单位博闻公司宣布签署协议，未来双方将集中各自优势，打通线上线下展会模式并做更多创新尝试，帮助中小企业做好跨境业务。阿里巴巴通过外贸综合服务为跨境交易的客户积累了真实的出口数据，已经建立起一套完整的跨境贸易的信用体系，这套体系可以输出给亚洲博闻的线下展会，使得展会的功能得以延展到交易领域。同时，双方正在联合打造一个展会APP，通过阿里巴巴平台做买卖家交易匹配的一套底层数据和技术体系，帮助参展的买卖家实现匹配。

"互联网+会展"是创新2.0下互联网发展的新形态、新业态，进入中国会展经济发展新常态的会展行业，会展企业通过互联网营销思维和手段提升展会品牌，拥抱互联网新媒体2.0时代的触网营销早已到来。第一，在展会宣传方面，"互联网+会展"线上线下宣传相结合的方式无疑比传统线下渠道单打独斗好。尤其是专业买家的邀约方式更是如此。许多专业展会都需要邀请大量国外专业买家到会。那么，通过电子邮件渠道、通过国外专业网站广告投放的渠道就显得实惠又高效。第二，对接供需双方的需求是展会最为重要的基本功能。而运用"互联网+会展"技术后，展会可将参展商、专业买家的基本资料采集整理成册，人工配对推送信息的展会服务方式虽然也颇有效果，但存在成本高、信息利用率低以及匹配误差较大等问题。一旦将大数据、云计算、移动互联网技术引入其中，许多过去的难题便能迎刃而解。因此，展会主办方只需要用适当的渠道，将参展商、买家的信息精准录入系统，甚至仅仅需要引导人们主动提交个人和公司、产品信息到系统之中，随后的供需对接匹配、信息分发等展会服务工作都可以自动完成。第三，过去专业展会的产品都是直接对应经销商、批发零售商，但进入"互联网+"时代后，展会在线上，这些产品和服务不但可以365天、一天24小时不停歇地进行展示，也能不停歇地进行线上交易。而且，在线上不但可以与商家对接，也可以直接向普通消费者销售产品，甚至可以通过大数据实现精细营销和精准客户管理，通过与海外零售商合作实现本土化售后服务。

会展业具有强大的产业带动效应，不仅能给城市带来场租费、搭建费、广告费、运输费等直接收入，还能创造住宿、餐饮、通信、旅游、购物、贸易等相关收入。更为重要的是，会展能汇聚巨大的信息流、技术流、商品流和人才流，会对一个城市或地区的国民经济和社会进步产生难以估量的影响和催化作用，故而，中国经济发展离不开会展经济。从某种角度来说，随着技术的进步，互联网及移动互联网正是会展业急需的神奇工具，我们相信在未来，互联网加上会展后，行业能够更深入地对会展资源进行开发，衍生出更具想象空间的"互联网+会展"新模式。

六、绿色会展理念渐入人心

自20世纪90年代以来，一些欧美国家相继推出了绿色会展指南和相应的标准，拉开了全球绿色会展实践的序幕。我国绿色会展理念和服务体系才刚刚起步，从北京奥运会到上海世博会，从西安世园会到广州广交会，虽有成功案例，但全产业绿色环保意识还有待普及，相关产业链有待健全。商务部流通产业促进中心主任路政闽说，与传统会展模式不同，绿色会展以可持续发展为原则，以信息技术和新材料应用为载体，是一种全新的发展模式，也是贯穿于会展产业上下游的生态体系。

国务院印发了《关于进一步促进展览业改革发展的若干意见》，倡导低碳、环保、绿色理念，培育壮大市场主体，加快展览业转型升级。《意见》提出，到2020年，基本建成结构优化、功能完善、基础扎实、布局合理、发展均衡的展览业体系。

绿色会展是贯穿于上下游的体系，离不开会展产业链上下协同。推进绿色展览要加强展览从业企业的社会责任和从业人员的整体绿色环保意识，特别是行业产业链的各环节中的龙头企业和重点企业，应该作为率先垂范的企业推进绿色展览。目前，国内大型会展的主办单位已经成为绿色会展的先行者。

同时，政策引导非常重要，全亚洲最大的展览会——广交会从2013年开始推进广交会绿色展览的计划。实施过程中，主办方对绿色参展、绿色会议到绿色布展、绿色撤展都提出了相关的措施和计划，效果显著。

第四章 2017年中国会展业的发展趋势

2017年全球经济仍然面临很多不确定因素，中国的改革与发展同样面临许多前所未有的挑战。伴随各项改革措施的逐步落实，我国宏观经济有望企稳回升，市场预期将趋于稳定。会展业作为服务于整个国民经济的平台行业，有望继续保持稳定增长态势，而且在供给侧结构性改革和实施"一带一路"倡议的背景下，会展业也将呈现出一些新的发展趋势。

一、会展业增长态势获得新动力

随着中国经济快速发展，我国会展业继续保持良好的发展势头。产业规模不断扩大，经济效益明显好转；专业化、国际化、市场化程度进一步提高；标准体系、行业组织建设取得突破性进展；会展设施建设速度加快，大型化趋势更加明显；会展就业人数持续攀升，中国会展业已经成为推动社会经济增长的新动力，在转变经济发展方式、优化产业结构、打造中国经济升级版中发挥着积极作用。一方面，展览作为投资与贸易的重要平台，不仅能够有效推动产业和消费增长，而且作为现代高端服务业的重要组成部分，对举办城市的住宿餐饮、交通物流、广告传播以及旅游购物等行业均具有明显的拉动效应，目前越来越多的城市开始重视会展业的发展，为会展业稳定发展注入了更多的增长动力；另一方面，供给侧改革、"互联网＋"等新战略导向的落实，必将为社会经济的发展注入新的活力，从而为会展业的持续增长带来新的机遇。

二、自贸试验区成为会展全球化新平台

目前，中国自贸试验区建设步入快车道。借由自贸试验区建设，上海、天津、广东、福建四地经济发展将会出现新的变化，并对全国产生影响。一般来讲，世界上多数自由贸易区通常都具备进出口贸易、转口贸易、仓储、加工、商品展示、金融等多种功能。这些功能与会展业具有极高的贴合度，尤其是装备制造业、加工产业等类型的展会，不但可以极大降低厂商的参展成本，缩短客户订单的生产周期，而且还能以更快的速度、更低的物流成本发货。这些变化又将反过来促进当地会展业的进一步发展，最终形成互相驱动的发展局面。在这样的情况下，拥有自贸区的地区将更加容易成为全球会展业关注的目的地，中国会展业面临着新的发展格局。上海自贸试验区和上海国家会展中心的强大组合效应，正吸引中国最优质的展会项目向上海聚集，上海正在向全球会展中心城市的发展目标快速挺进，北京、广州明确地感受到了压力。随着国务院新近批复的雄安新区、广东自贸试验区建设项目的启动，北京、广东将在会展业创新发展方面风生水起。

近日，在浦东新区会展服务标准和智慧会展应用发布会上，浦东新区副区长、上海自贸试验区管委会副主任简大年说，上海自贸试验区扩区后，推动会展业的创新发展，已经成为浦东和自贸试验区培育高端服务业的重要抓手。相关监管部门已推出系列促进会展业发展的便利措施，包括与出入境管理局合作，针对外国人来沪参展提供口岸签证服务，简化入境手续。所谓口岸签证服务，简单理解就是给外国人的"落地签"。与海关、检验检疫局合作，设立国际展品监管服务中心，针对展品提供统一报关、统一查验、统一仓储的"一站式"服务功能。给予新国际博览中心、世博展览馆举办的国际展会的入境展品，免于向海关提供担保金等便利。

会展是市场交易的重要形式。纵观全球会展业发达的国家或城市，无论哪一种会展业管理模式，其作用机制都是通过市场化运作实现的。市场机制的充分发挥，有利于促进会展企业积极参与市场竞争，提高自身竞争力，进而健康持续地扩大发展。自贸试验区中，政府职能将从事前审批转为事中、事后监管，建立信息共享平台、综合执法体系和综合评估体系，让更多的社会组织参与市场监管。这种政府理念和方式的创新对我国会展主管部门如何维护好会展市场的秩序有启发意义。

另外，中国会展业可以借鉴德国会展业经验，取其精华去其糟粕，发展成具有中国特色的会展业。德国的展馆全部由各州和地方政府投资兴建，展览公司由政府控股，实行企业化管理。具体来说，政府参与会展基础设施建设，但经营权授让给私人，同时政府通过行业协会管理会展业。如汉诺威展览公司的两大股东是下萨州政府和汉诺威市政府，它们分别持有49.8%的股权；法兰克福展览公司由市政府占60%股份。在会展业发展初期，政府主导型展会是十分有必要的，但是随着会展业进一步的发展，政府应逐步减少对会展业的干预，转为为会展经济的长期发展提供服务。自贸试验区中的各种扶持政策主要是针对金融、贸易领域，为中国经济改革探路，会展业也需要鼓励和扶持政策。

三、"一带一路"为会展业带来新机遇

在世界政治经济格局日益复杂、全球贸易保护主义重新抬头的背景下，中国为了更好地推动全球经济增长，审时度势，提出了"一带一路"重大倡议。"一带一路"倡议的贯彻落实，客观上需要以展览为平台，推动中国与"一带一路"沿线国家和地区的经贸与投资合作。在这种背景下，"一带一路"沿线国家和地区不仅面临着更多的会展业发展机会，而且也可能得到更多的政策支持，因而在2017年，"一带一路"沿线国家和地区有望继续成为

出国展览的重点和热点区域。

随着"一带一路"战略的推进，内地多个城市以及相关会展管理机构相继表示，将借助"一带一路"建设机遇，加大会展业的发展力度。与此同时，也有部分行业提出，在"21世纪海上丝绸之路"倡议实施过程中主动作为，搭建专业展会平台，为行业发展先联先通。此外，还有城市提出依托"一带一路"建设发展"会展联盟"的构想。针对上述现象，有业内人士指出，借助宏观战略实施促进会展业的发展，一直以来是会展经济快速发展的有效方式。但目前，有些城市的会展主管部门以及会展相关管理机构并没有领会到"一带一路"倡议的实质内涵。"一带一路"倡议的确为会展业带来了新一轮的发展机遇，特别是对于出境展，其将拥有更多的机遇和更大的发展空间。相对在境内举办展会，不是所有城市和会展项目都能碰到新机遇。因此，境内展会主办方及相关政府和管理机构，还需进一步领会"一带一路"倡议的宗旨和愿景。会展业若想在"一带一路"倡议中获得新的发展机遇，还需熟悉"丝绸之路经济带"和"21世纪海上丝绸之路"倡议的愿景。

"一带一路"建设是一项系统工程，要坚持共商、共建、共享原则，积极推进沿线国家发展战略的相互对接。为推进实施"一带一路"重大倡议，让古丝绸之路焕发新的生机与活力，以新的形式使亚欧非各国联系更加紧密、互利合作迈向新的历史高度，"一带一路"沿线国家要建设一批双边合作示范项目，建立完善双边联合工作机制，制定推进"一带一路"建设的实施方案、行动路线图，充分发挥现有联委会、混委会、协委会、指导委员会、管理委员会等双边机制作用，协调推动合作项目的实施。

随着"一带一路"倡议的推进，出境展的机遇，既不在展览业发达的区域，也不在经济发达的区域，而是在新兴经济体区域。近年来，随着民营会展企业涉足出境展业务领域，出境展的代理业务比重越来越小。而"一路一带"倡议的实施，将促进自办展的比重逐年攀升。改革初期，展览业发达国家频繁到中国举办展会推介会，邀请中国企业参展参会。可以预见，随着"一路一带"建设的深入，中国的相关机构将重视到新兴经济体区域举办主题展，如高铁科技展等。或者说，出境主题展将成为促进中国重工产品"走出去"的一个有效方式和不可或缺的平台，由此，将进一步推进中国重工新科技、新产品的展示和经贸洽谈。

我国会展业数量、水平日益上升，多元化、国际化、信息化、集团化、专业化、品牌化、市场化的特征越来越明显。可以预见，"一带一路"倡议将给会展业提供空前的国际化发展商机，同时中国会展业的发展也将有利的推动"一带一路"倡议的贯彻实施。

四、资本运作成为会展业发展新目标

展览项目并购既是会展业发展的内在市场规律，也是我国从展览大国走向展览强国的必由之路。因而，未来较长的一段时期内，展览项目并购将成为展览行业组织化程度不断提升的"新常态"。特别是伴随着越来越多本土展览公司的挂牌上市，中国展览企业的资本实力进一步提升，与之相对应，展览项目的并购有望改变以往以外国展览公司并购中国展览项目为主的局面，中国本土的展览公司有望走上前台，加入到国际展览项目并购的进程中。

实现会展经济的资本运作，首先要对会展经济的定义和特点进行分析。会展经济应该是通过展示来体现一个国家、一个地区、一个行业的产品文化，同时相应带动通信、旅游、饮食、休闲等产业，是一种综合经济。会展经济 应该具有以下几个特征。

第一，会展经济具有综合效益性。会展经济本身所带动的并不是单体的承办会议主体本身的效应，而是一个地区甚至一个行业本身的综合效应，它所带动相关产业的特点，比其他经济更为突出。如1：9这个杠杆，这个杠杆作用恐怕在其他行业里有形且能测算的是不多的。

第二，会展经济是无形和有形、精神和物质的结合。它的建筑是城市的樗，一个城市如没有几个像样的展馆就跟没有几个博物馆和图书馆一样，它们是一个城市必不可少的基础设施。博物馆、图书馆是不营利的国有资产，而展馆作为和经济的结合必须要追求在办展当盈利盈利性，所以，会经济只有建立在盈利的条件下才能真正得到发展。

第三，会展经济兼具公益性和盈利性。在场馆建设这样一个需要巨大资金投入的过程当中，政府补贴在最初的创办当中要发挥作用，因为综合的效益属性最终会通过政府的财政税收得到体现，政府本身也是受益人，所以政府本身的投入是必要的。但是在运作当中，也就是建设完之后长期的运营与维护又必须通过企业的充分竞争和运作来完成。所以它兼顾公益性和盈利性于一身。

第四，场馆的自然垄断与会展公司的充分竞争相结合。所谓的自然垄断就是在一个地区某一个行业，其中一个厂商的运作成本小于两个以上厂商运作成本，这个行业通常在经济上表现为自然垄断行业。当然，场馆建设自然要有区域属性，如果在这个区域当中建几个展馆来竞争，其成本可能加大。这种属于自然垄断的行业往往是具有一定的公益性和关系国计民生的重要领域。所以，展馆的使用率和单位租金的高低就需要按自然垄断行业来确定，由政府或者是听证会确定一个价格，这个价格一方面是保护，另一方面也是由于自然垄断，没有人跟你竞争，防止你抬高物价，造成对区域经济的不利发展。而对于会展公司来说，如果可以把场馆和会展公司分开考虑，会展公司就必须要充分进行竞争，只有竞争才能繁荣。所以必须取消审批制，引入国内外各方面的会展公司进行充分竞争。

第五，会展经济具有非均衡性。比如会展活动的一次性、跨年度性、年度性、季度性，甚至可能还有月度性。从这个意义上说，会展经济的发展其实是一个不断地从非均衡性轻向均衡性发展的过程。一次性的会展活动，筹备一次搁到那儿就闲置了，这是一个很大的问题。比如奥运会，如果不解决奥运会之后的北京经济，考虑就是不全面的。所以，逐步地推进会展经济是不断深化的过程。

第六，会展经济具有一定的特色性。会展业一定要与地区经济的发展相结合，会展经济仅跟制造业相关是一个误区，它一定跟第一产业、第二产业，甚至跟其他的服务行业密切结合，而且第三产业的比重会越来越大，因为第三产业里面所涵盖的文化、休闲、体育内容越来越多。所以一定要把产品和服务特色结合起来。

五、信息技术为会展业提供更多新体验

2016年是会展业和新技术融合最迅猛的一年。随着移动互联网的发展，通过数字化手段开展的信息收集、产品展示、观众互动的比重越来越高。应该说，在目前的展览和会议中，信息技术服务商的收入比值已经向传统服务商的份额逼近，甚至有些传统服务商的服务领域将会被信息服务商彻底覆盖。信息化服务，使得会展业焕发了崭新的活力。信息技术的导入，使得展会活动的效度、精度、广度和深度得到准确的优化。特别是借助大数据，展会活动的信息量化得以提升到前所未有的高度，过去展览主办方仅仅能够提供展览面积、展商数量、现场观众数量等几项有限的汇总数据，现在则可以提供每一位观众驻足展台甚至观察展品的准确起止时间，甚至还包括其对展品是否进行了线上检索。当然更重要的是，观众信息会被按照购买潜力的由高到低，结构化地呈现在参展商面前。传统商业模式与新技术的联姻，使得买家和卖家都获得革命性的体验。

像场馆方，重庆国际博览中心打造"智慧国博"以提升展馆服务质量。智慧国博相当于在国博中心周边建设了一条信息、数据流通的快车

道，具有停车导航、展会数据收集等功能。据介绍，在国博的"智慧"场馆内，观展者只需要在手机上下载一个APP，就可实现随时随地预订餐饮、酒店、旅游、飞机票、火车票、物流等服务。"智慧化"的场馆内将可以实现参展者的精确导流，"智慧国博"平台将可以收集观众的数据，只要进入国博打开WIFI，大数据收集系统就能记录观展者的轨迹，进行客流统计分析，并分析参观人员的参观路线等。同时，展商可根据观展者的行为，对展位的布局进行调整。"如何根据亮点适时调整，令参展人员迅速找到位置，是移动会展平台正在建设的。"国博移动智慧平台通过WIFI精准定位技术和移动互联网技术，根据参展人员位置，自动将相关展会、展位、位置服务等信息，推送至参展人员的智能手机或移动终端设备上，实现数字智能化伴游服务。

全球展览业协会非常重视数据化工作，早在五年前，法兰克福就成立了一个数据部门。此外，每一个展览公司都会有一个方便参展商的平台，利用该平台可以预订酒店，这个服务受到广泛欢迎。近两年，法兰克福展览公司重点在做的两件事是CRM客户管理系统、整合E-Mail群发。

六、区域会展经济发展将成为新亮点

中国会展业经过最近30多年的发展与变迁，已经初步形成了"京津冀""长三角""珠三角"和"川陕渝"等六个热点板块，以中国-东盟博览会、中国-亚欧博览会、中国-东北亚博览会等为代表的周边板块，以及其他松散分布的热点城市。这些博览会的举办使周边城市的政治、经济及社会功能得到极大的提升，促进了这些城市的交通、通讯、场馆、市场、旅游等多方面因素的不断调整，区域城市发展格局得到进一步优化。"办好一个会，提升一座城"，会展业将会在三、四线城市呈现爆发式增长，必将加快这些区域经济的发展速度。

经过20世纪最后十几年和21世纪十多年的发展，我国会展行业也出现了一些新的发展趋势。

1. 产业化趋势。会展经济在我国作为一个新兴的经济形式已经日益显现出其强大的生命力，会展经济所具备的产业化特征也日益明显。主要表现在会展经济的产业内涵不断延伸、会展经济产业效益快速增长和会展经济产业规模持续扩大。

2. 国际化趋势。随着服务贸易准入壁垒的取消，众多国外展览公司进入中国会展市场的渠道更加畅通，从而使国内会展市场竞争日趋国际化。另外，入世给国内会展业带来了先进的管理经验和办展技术。中国会展界应做好两方面的准备，即对内抓紧制定行业法规，对外尽快熟悉国际规则。

3. 法制化趋势。与国际会展业的蓬勃发展相比，我国会展业的法制进程却十分缓慢，尚处于初级阶段。随着会展市场的蓬勃发展，中国会展业的法制化发展趋势会更加明显，会展法制体系会逐渐健全，以规范会展市场秩序，创造会展业发展的良好环境。

4. 集团化趋势。我国会展行业的集团化可以分三步走：一是采取横向联合、纵向联合、跨行业合作等灵活多样的组织形式，组建会展集团；二是开展品牌竞争；三是实行海外扩张。

5. 品牌化趋势。中国会展业的品牌化应主要围绕三个内容来进行，即培育品牌展会、建设会展名城和扶持领导企业。目前国内已初步涌现出一批具有知名品牌的会展企业或展会。

6. 专业化趋势。在过去相当长一段时期，中国会展业追求的都是综合化，特色不鲜明、规模普遍小、吸引力不强。近几年来，国内会展界已在这方面做了大量有意义的探索：一是展会内容的专题化，二是场馆功能的主导化，三是活动组织的专业化。

7. 生态化趋势。中国会展业的生态化主要体现在以下四个方面：注重场馆的生态化设计，大力倡导绿色营销理念，强化环境保护意识，以环保为主题的展览会将备受欢迎。

8. 多元化趋势。从整体上看，会展业正在朝多元化方向发展，具体包括产品类型的多行业化、活动内容的多样化和经营领域的多元化。另外，会展形式正在从传统的静态陈列转向融商务洽谈、展会参观、旅游观光、文化娱乐等项目于一体，这也是全球会展业发展的必然趋势。

第五章 2016年中国会展业先进省市发展情况

一、2016年北京市会展业发展情况

项 目	2016年	2015年	2016年占2015年的比重
一、人员情况			
从业人员平均人数（万人）	14.2	14.9	95.5
二、接待设施情况			
接待场所会议室个数(个)	5000	4909	101.9
#座位数超过500座的会议室(个)	184	178	103.4
接待场所会议室使用面积(万平方米)	74.0	72.0	102.8
接待场所会议室可容纳人数(万人)	45.6	44.5	102.4
三、会议情况			
接待会议个数(万个)	21.0	20.5	102.6
#国际会议(万个)	0.5	0.5	91.5
接待会议人数(万人次)	1605.7	1480.9	108.4
#国际会议(万人次)	65.5	59.6	109.9
四、展览情况			
接待展览个数(个)	867	788	110.0
#国际展览(个)	159	173	91.9
#展览面积1万(不含)平方米以下的展览个数(个)	651	609	106.9
展览面积1万平方米及以上的展览个数(个)	216	179	120.7
接待展览累计面积(含室外展览面积)(万平方米)	673.8	601.9	111.9
#国际展览累计面积(万平方米)	361.0	325.8	110.8
接等展览观众人数（万人次）	924.0	785.2	117.7
#国际展览观众数（万人次）	167.8	146.6	114.5

续表

项　目	2016年	2015年	2016年占2015年的比重
五、收入情况			
会展收入(亿元)	232.6	219.2	106.1
会议收入(亿元)	109.6	100.8	108.8
#国际会议收入(亿元)	7.4	5.7	130.3
展览收入(亿元)	116.5	107.6	108.3
#国际展览收入(亿元)	41.4	37.0	111.9

注：会展业统计范围包括会展场馆、限额以上住宿业法人单位、会展举办单位以及规模以上会议及展览服务业法人单位和旅行社等。由于统计范围内的单位名录每年均有变化，为保证数据的可比性，需要调整上年同期数据以计算可比增速。

资料来源：北京市统计局

二、2016年上海市会展业发展情况

（上海市会展行业协会）

（一）展览会举办总体情况

1. 规模

2016年上海共举办展览会项目816场，总展出面积1604.8万平方米，数量和规模比2015年分别增长8.95%和6.05%。其中国际展307场，展出面积1211.2万平方米；国内展509场，展出面积393.6万平方米。

2. 特点

（1）大型展览会增长明显，20万平方米以上项目规模占比达1/4。2016年举办的816场展览会中，20万平方米以上项目的数量和规模相比2015年双双翻倍，数量达到16场，展出面积合计401万平方米，占总规模的25.0%；10万～20万平方米的为24场，展出面积合计315万平方米，规模占比为19.6%；5万～10万平方米的为32场，展出面积合计211万平方米，规模占比为13.1%。上述72场5万平方米以上的展览会项目，展出面积达927万平方米，占总规模的57.7%（见表5-1）。

表5-1 2016年展览会项目规模与2015年比较表

规模 \ 类别	项目数量（场）			项目规模（万平方米）		
	2016年	2015年	增长率	2016年	2015年	增长率
20万以上（含）	16	8	100.00%	401	204.4	96.18%
10万以上（含）～20万	24	24	0.00%	314.9	316.54	-0.52%
5(含)～10万	32	37	-13.51%	210.6	250.76	-16.02%
3(含)～5万	36	34	5.88%	138.4	125.15	10.59%
3万以下	708	646	9.60%	539.9	616.35	-12.40%
合计：	816	749	8.95	1604.8	1513.2	6.05

（2）国际化进一步提升，国际展规模占比达3/4。国际展览会展出面积占比达75.5%，比2015年提高了5个百分点。816场展览中，国际展307场，展出面积1211.2万平方米，比2015年分别增长18.53%和13.24%（见表5-2）。

表5-2 2016年国际、国内展与2015年比较表

	数量（场）		数量增长率	规模（万平方米）		规模增长率
	2016年	2015年		2016年	2015年	
展览会总量	816	749	8.95%	1604.8	1513.2	6.05%
其中国际	307	259	18.53%	1211.2	1069.6	13.24%
其中国内	509	490	3.88%	393.6	443.6	-11.27%

（3）大型场馆承接展会稳定增长，部分中小场馆开始转型。上海主要的展览场馆中，2016年展出面积排名前三的分别为新国际博览中心（649万平方米）、国家会展中心（426万平方米）、世博展览馆（184万平方米），合计1259万平方米，比2015年增长13.7%，占比78.5%，提高了5.3个百分点。

部分中小型场馆开始转型：国际展览中心和东亚展览馆已分别于年初和年末停止承接展览会；光大会展中心部分展览场地已改建为餐饮和购物中心；会议和活动成为中小型场馆重要的增长点（见表5-3）。

表5-3 2016年各场馆举办展览会与2015年比较表

场馆	2016年		2015年		规模增长率
	数量（场）	面积（万平方米）	数量（场）	面积（万平方米）	
新国际博览中心	129	649.4	124	570.5	13.8%
国家会展中心	43	426	38	388.8	9.6%
世博展览馆	91	183.8	62	148.1	24.1%
光大会展中心	128	69.6	85	71.8	-3.1%
展览中心	58	42.1	61	47.1	-10.6%
世贸商城	62	32.6	47	31.5	3.5%
汽车会展中心	13	11.5	8	8.4	36.9%
跨国采购会展中心	45	41.2	23	19.7	109.1%
农业展览馆	13	7.5	12	7	7.1%
东亚展览馆	42	12.7	45	14.3	-11.2%
国际展览中心	0	0	38	28.2	-100.0%
小计：	624	1476.5	543	1335.3	10.6%
其它小场馆	192	128.3	206	178	-27.9%
合计：	816	1604.8	749	1513.3	6.05%

（二）会展业发展的宏观政策环境

2015年，国务院颁发了迄今为止关于展览业发展的最高层级的规范性文件——《国务院关于进一步促进展览业改革发展的若干意见》国发〔2015〕15号。根据文件精神，商务部建立了促进展览业改革发展部际联席会议制度。这是我国会展业发展首次进入宏观经济顶层设计。2016年会展业发展的宏观政策环境继续呈现良好态势。

1. 商务部第一次部级联席会议提出加强展览业标准化工作

2016年7月，商务部召开了促进展览业改革发展部际联席会议第一次会议，会议通过了国家标准委办公室、商务部办公厅联合印发的《关于加强展览业标准化工作的指导意见》。这个意见强调了标准化对展览业发展的重要作用，对我国展览业标准化工作做出系统部署。意见聚焦展览业现实需求，明确了未来展览业标准化工作的总体要求、主要任务和保障措施，提出了"互联网+展览业"、产业链融合发展、资源配置及运行、品牌与诚信体系建设、行业管理支撑等五大重点领域标准化工作，提出了标准化试点示范、标准实施效果评价等重要实施举措。《意见》的出台，对于完善展览业标准制定、发布、实施、评估，推动行业转型升级具有深远意义。

2. 上海市出台了落实国发15号文件的实施意见

为贯彻落实国发〔2015〕15号文件精神，加快国际会展之都建设，2016年5月，上海市政府颁发了《上海市人民政府印发<关于促进本市展览业改革发展的实施意见>的通知》（沪府发〔2016〕34号）。通知指出，展览业是引导和促进投资贸易发展的重要载体，是提升国际贸易中心集聚辐射能力和资源配置功能的重要平台。通知明确，建立由市商务委牵头，相关部门和单位共同参与的市级联席会议制度，上海市会展行业协会是市级联席会议成员单位之一。通知提出了18条具体意见，其中有15条的责任部门与我们协会有关。这说明，在促进上海市展览业改革发展、推进上海国际会展之都建设的过程中，上海市会展行业协会承担了重要的责任。

三、2016年广东省展览业发展情况
（广东省贸促会）

（一）广东省展览业发展现状

1. 展览业市场规模全国居首

2016年广东省主要展览城市的展览数量为621场，比2015年增长约0.65%；展览面积约1908.85万平方米，比2015年增长约10.72%。从省域（省、自治区、直辖市）范围内比较，广东依然是我国展览业的第一大省。

2016年广东省各城市展览业发展情况：展览数量方面，2016年广州市展览数量为245场，占全省展览数量的39.45%，居全省首位。深圳市展览数量

为107场，中山市73场，东莞市61场，珠海市32场，佛山市30场，惠州市23场，分列第二至第七位。展览面积方面，2016年广州市展览面积约908.40万平方米，占全省总展览面积的47.59%，居全省首位。东莞市约348.73万平方米（每年两届的名家具展影响较大，其全年展览面积达148万平方米），深圳市约308.91万平方米，佛山市136.50万平方米，中山市97.53万平方米，珠海市41.18万平方米，惠州市21.20万平方米，分列第二至第七位。

2. 大型展会规模效应持续增强

2016年广东省特大型展览会（展览面积大于或等于10万平方米）共有37场，比2015年增加5场，总展览面积约为929.51万平方米，比2015年增加80.21万平方米；2016年广东省大型展览会（展览面积大于或等于5万平方米，小于10万平方米）共有40场，比2015年增加11场，总展览面积约为266.32万平方米，比2015年增加58.51万平方米。目前，广东省形成了广交会、广东海丝博览会、广州建博会、广东美博会、广州家具展、广州国际照明展、深圳光博会、深圳高交会、深圳文博会、东莞名家具展、佛山陶瓷博览会、虎门服装交易会等一批具有国际影响力的高端展会。

3. 展览场馆建设格局进一步优化

截至2016年底，广东省共有33个展览场馆，室内可租用面积共150.83万平方米，位居全国首位。其中：广东潭洲国际会展中心、广东珠西国际会展中心及虎门国际会展中心均为2016年建成或投入使用。2016年9月奠基的深圳国际会展中心规划建设为50万平方米室内展览面积，将成为全球最大的会展中心，深圳国际会展中心建成后，广东省的展馆场馆可租用面积将位居全球第一。

4. 组展单位多元化发展

2016年在广东省境内举办展览会的组展单位共有394家，比2015年增长约3.14%。企业性质的组展单位为262家，占比66.50%，总数量排名第一，其中，私营企业占比46.19%，比例将近一半，外商投资企业、国有企业、港澳台商投资企业及其他企业比例相当；行业商（协）会性质的组展单位为66家，较2015年增长73.68%，显示出行业商（协）会在与行政机关脱钩后独立办展能力有所增强；党政机关性质的组展单位数量为42家，占比10.66%，排名第三；事业单位性质的组展单位数量为24家，占比6.09%。从数量上看，组展单位以企业尤其是私营企业为主，行业协会是重要组展力量。

5. 会展教育稳步发展

2016年，广东省有36所高等院校设有会展专业（方向），其在校生数占全国的15%，与浙江（排名第二）和上海（排名第三）之和相当，稳居第一。另外，广东省内的会展教育已经形成了层次丰富的教育体系。目前，广东省的会展教育涵盖研究生、本科、大专、中专各个层次。如中山大学、华南理工大学、华南师范大学、广州大学、广东财经大学等几所高校除会展本科专业外，还招收会展方向研究生（大多作为一个方向设在旅游管理专业下）。广东省有20多所高职院校开设了会展专业（或在其他专业开设会展方向），在全国亦是最多的。此外，深圳、东莞、佛山、中山等展览业较发达的城市也有一定数量的大专、中专院校开设本专业。

（二）2016年广东省展览业发展特点

第一，扶持力度持续加大。2016年7月，广东省政府发布《广东省进一步促进展览业改革发展的实施方案》，提出了广东省展览业未来发展的总体要求和发展目标。广州、深圳、东莞、佛山等城市出台或者修订了展览业扶持政策，进一步促进展览业规范发展。

第二，品牌效应不断显现。广交会、广东海丝博览会、深圳高交会、深圳文博会、珠海航展等一批品牌展会持续增长，行业影响力增加，展览会效益稳步提升。

第三，展馆建设方兴未艾。广东省展览场馆呈现出珠江两岸城市齐头并进的局面，尤其是珠江西岸的佛山、珠海、江门新建了集休闲娱乐、商贸会展、旅游购物、文艺演出为一体的现代化会展中心。

第四，企业资本化稳步推进。广东省展览业的资本化进程开始加速，企业并购与融资上市行为逐步增多。

第五，服务意识逐渐增强。以广交会、广东现代国际展览中心为代表的市场主体开始增强服务意识，提供更加便捷化、标准化的公共服务。

（三）2016广东省展览业国际化发展

广东省展览业国际化水平与上海、北京仍有较大的差距。未来几年，世界展览业格局与中国展览业格局均将发生重要变化。全球展览业重心逐步向亚太（尤其是中国）转移，中国展览业将以城市群为中心多点开花、齐头并进。广东省应当把握"中国制造2025""一带一路""粤港澳大湾区"等国家战略，利用现有的经济基础与政策资源，继续强化珠三角展览业的核心竞争力，着力提升广东省展览会的国际化水平，争取在"十三五"末，形成一批具有世界影响力的国际会展活动，把广州、深圳打造成名副其实的国际展览之都，并形成一批全国知名的展览城市。

（四）广东省展览业的改进方面及对策建议

"十三五"期间，国内外展览业将呈现出众多新趋势：全球展览业将持续增长、展览巨头持续布局亚太、项目并购成为新常态、中国迎来巨型展馆时代、行业展览细分化和专业化、展览会数字化与科技化、互联网跨界融合展览业、县域展会经济蓬勃发展。而广东省展览业也将面临展览馆进一步优化、绿色环保搭建将广泛运用、加大"一带一路"市场布局和民营展览企业实力不断增强等发展趋势。

同时，广东省展览业仍然面临着以下问题：统一管理机制欠缺，展览配套服务待改进；缺少龙头展览企业，缺乏高级管理人才；国际品牌展览较少，国际化水平待提升；信息化管理较滞后，创新意识有待增强。

针对广东省展览业发展趋势及面临的问题，报告提出了广东省展览发展的六大对策。一是加强宏观指导，促进行业规范发展；二是加强项目培育，繁荣展览市场；三是规范展馆建设，延伸展览产业链；四是注重培育引进，强化展览主体建设；五是推动互联网+展览建设，打造智慧广东会展；六是培养高端人才，完善人才引进机制。

此外，广东省展览业还可以借鉴德国及上海的先进经验。如政府引导与支持先行；与行业协会密切合作，培育展览品牌；积极拓展国外市场；举办国际会议，促进展览经济；提供一流的配套服务；建立完备的人才建设体系；对展览业发展进行超前规划；不断完善管理机制；发挥中介组织的促进作用。

四、2016年浙江省会展业发展情况
（浙江国际会议展览业协会）

近年来，浙江省展览业稳中有进，呈现好的势头，相关指标稳居全国前列：展览规模（面积）为全国第四，展览馆面积为全国第三，出国展面积全国第一，出省参加国际展览面积为全国第一，直接产值占全国十分之一。2016年是"十三五"规划的开局之年，在省委省政府的领导下，经全省会展企业及相关部门的共同努力，浙江会展业乘势而上。G20杭州峰会、第三届世界互联网大会和云栖大会的成功举办，提升了浙江省大型展会的承载能力，对于推动浙江省会展业的跨越式发展具有里程碑式的意义。

（一）2016年浙江会展业乘势而上

据浙江省国际会议展览业协会统计：2016年全省展览的活动场次为829场，展览面积938万平方米，同比增长8%。全省50人以上专业会议为3.86万场，万人以上节庆活动为489场，同比增长9.8%。出国展面积为31.6万平

方米，同比增长21%。出省参加国际展览面积为127.6万平方米，同比增长
138%。提供社会就业岗位128.6万人次。直接收入为487.6亿人民币，同比增
长14.5%，占全省GDP的1%多，占全省第三产业的2%多，拉动社会效应为
4388亿人民币。这充分体现了会展业在浙江省构建现代市场体系和开放型经
济体系中的重要平台和作用。

　　浙江省展览活动数据统计，经贸展占51%，消费展占38%，其他展占11%
（其中杭州占80%）。从目前全省组展组织分析，国有合资、股份企业占
14%，民营企业占51%，其它占35%（见表5-4）。

表5-4　浙江省会展业三年数据比较

项目 年份	展览 （场）	面积 （万平方 米）	会议 （万场）	节庆 （场）	出国参展 面积 （万平方 米）	出省参展 面积 （万平方 米）	就业 （万人 次）	直接 收入 （亿元）	拉动 效应 （亿元）
2014	702	839	3.02	416	25.17	47.6	126	385	3465
2015	833	854.3	3.51	447	26.1	76.4	127	436	3924
2016	829	938	3.86	489	31.6	127.6	128.6	487.6	4388

1. 大会展项目效应开始显现

　　G20杭州峰会的效应全面显现，从根本上推进了杭州国际会展中心城市的
建设，也为杭州及周边城市带来了积极影响。G20杭州峰会不仅催热了杭州会
展业，而且外溢效应开始在旅游、购物、酒店等行业凸显出来。2016年杭州
首次跻身全球100强国际会议目的地。2016年11月第三届世界互联网大会吸引
了来自110多个国家和地区的1600多位境内外嘉宾参加论坛，大会目的地乌镇
直接收入达2.3亿元人民币，拉动周边杭州、嘉兴、湖州及上海市经济约22亿
人民币。2016年G20杭州峰会、乌镇互联网大会、云栖大会等大项目的成功举
办，意味着浙江会展由之前的小而散逐渐向大会展活动引领趋势发展，大型
会展活动为浙江省政治、经济、文化发展和城市知名度的提高起到了极大的
推动作用。

2. 会展场馆建设趋向专业化和规模化

2016年，杭州国际博览中心和乌镇互联网国际会展中心投入运营，浙江会展场馆增至26座，其中2万平方米及以上展馆21座，1万平方米及以上展馆5座，总面积达142.3万平方米，为浙江省会展项目的专业化、规模化提供了保障。杭州国际博览中心展览面积达9万平方米，可提供国际标准展位4500个；会议中心总面积约1.9万平方米。目前，杭州国际博览中心实质性合作项目排至2019年，意向合作项目已排至2022年，积累了丰富的会展资源。世界互联网大会永久场馆——乌镇互联网国际会展中心是目前世界上最先进、最生态化的会展中心，建筑面积达8.1万平方米，主会议厅(乌镇厅)面积达到4500平方米，可容纳300人，完美地呈现了江南古老建筑与现代网络相融共生的和美场景。

3. 展会拓市场规模进一步扩大

浙江省按照"开拓大市场、发展大商贸、推进大开放"的发展理念，紧抓G20峰会重大机遇，全力做好展会拓市场各项工作，极大地促进了全省展览业发展水平。据省商务厅统计，2016年浙江省级层面直接组织实施的境外展会项目96个，与上年持平；参展展位数8622个，同比增长23.8%；参展企业4741家，参展面积达70234.95平方米，企业赴境外参展的积极性不断提高，参展规模逐年扩大。其中，境外自办类货物贸易展会7个，如在浙江出口商品（布尔诺）交易会中，展出面积近2000平方米，共有55家企业参展，展位数122个，其中的机械工业领域"品质浙货"专区，集中展示了浙江机械制造业成功转型、参与合作交流的成果，取得了很好的成效。随着"品质浙货 行销天下"工程的深入推进，浙货越来越受到市场的认可，其影响力和关注度都与日俱增。省商务厅组织实施的众多境外展会都设立了"品质浙货"专区，逐渐成为浙江省对外贸易的新名片、新亮点。据外贸样本企业统计，60%以上的外贸订单来自展会。

4. 县域特色专业展会持续发力

浙江省县域经济充满活力、分布均衡、特色突出。各地以优势产业为依托，从产业到市场，再到展览，形成了一批优质的专业展会。2016年，这些专业展转型进一步加速，较往年更加品牌化、专业化、国际化。如第22届义博会设国际标准展位4102个，16个国家和地区的2200余家企业参展，展览面积15万平方米，还创新设立"浙江制造"品牌馆，打造"浙江制造"走向世界的重要平台，同时助力义乌商品从中低端向中高端品牌转型。此外，温岭泵机展、余姚塑博会、海宁皮革展、永康五金博览会等在2016年取得新突破，既成为当地企业量身定制的专业性展会，也成为地方政府服务产业的重要公共服务平台，助力浙江省会展可持续发展（见表5-5）。

表5-5 2016年浙江省各地市举办展览会情况汇总表

编号	地区	展览数量（场）	展览面积（万平方米）
1	杭州	204	206
2	宁波	324	378
3	温州	53	60
4	嘉兴	43	29
5	义乌	37	90
6	台州	40	53
7	绍兴	20	22
8	湖州	19	18
9	舟山	23	27
10	衢州	30	12
11	丽水	12	10
12	金华	24	33
合计		829	938

5. 智慧会展取得新突破

2016年，浙江省会展业信息化水平显著提高，"互联网+"作为推动浙江省会展业新一轮转型的外在动力，提高服务效率和服务质量，实现多方共赢。2016年5月，浙江智慧会展合作发展论坛在杭州召开，论坛就基于数据科技的智慧会展创新、WIFI在会展的场景应用化、畅想互联网+时代下VR如何改变会展未来、会展导示应用等主题进行了交流，为浙江省智慧会展下一步融合发展奠定了基础。

（二）2017年浙江会展业将快速提升

随着G20杭州峰会的圆满成功举办，浙江省会展业呈现快速发展趋势。未来几年，浙江省会展业在全国乃至国际上的形象将会有极大提升，主要有五大发展趋势：

1. 会展业国际化步伐加快

随着"一带一路"倡议的深入实施、"义甬舟"开放大通道的全面开展和浙江舟山自贸试验区的成功获批，浙江会展业国际化进程不断加快，主要表现在：第一， 后G20峰会效应、世界互联网大会、中国–中东欧国家投资贸易博览会、云栖大会等一系列国际知名会展活动的举办提升了浙江全省会展业的国际化水平。第二，会展业的国际交往的重要功能被放大。近年来，浙江省出国参展一直占据全国首位，达到40%以上的高水平，浙江会展业围绕"品质浙货，行销天下"工程，推动浙江品牌、浙江技术、浙江投资走出去。第三，国际客商、国际著名会展公司和人才被引进到浙江。随着浙江省出台相关政策和2016年全球展览浙江论坛的召开，浙江会展生态趋好，平台功能显现。

2. 会展业市场化进程全面提速

2017年浙江省会展业将在三个方面快速推进市场化：第一，会展项目的市场化，确立政府办展的退出机制与规范政府购买服务的具体措施； 第二，建设市场化管理下的会展基础设施，确定会展场馆的所有权和经营权分离，提高会展场馆的市场化运营水平和能力； 第三， 政府所属会展企业的脱钩改制、国有会展公司的脱钩改制将极大地激活会展经济的主体，有利于形成公平、合理、竞争有序的会展市场环境。

3. 会展业资本运作步入常态

近年来，会展企业上市成为会展企业规模化的重要路径。自2004年11月鹏璨文化创意发展（上海）有限公司成功上市以来，国内众多会展公司纷纷上市，进入会展规模+资本时代。据不完全统计，截至2016年底，在新三板、创业板和主板上市的会展公司达到10余家，涉及会展搭建、会议服务、会展场馆运营、展览主承办。另外，别值得一提的是，2016年6月，作为网吧平台服务商起家的动漫游戏上市企业——杭州顺网科技收购了承办ChinaJoy多年的上海汉威信恒展览公司51%的控股权，收购费用共计达到了5.75亿元，这揭开了浙江企业通过资本运作进入会展产业的序幕。

4. 智慧会展快速发展

2017年，浙江省会展业的智慧化程度将显著加深。具体表现在：第一，阿里巴巴、慧聪网等电子商务巨头加速实质布局会展业将催生更多的信息技术应用；第二，在互联网+的理念下，一批新型互联网公司专注于提升会展服务的质量，催生新的会展服务类型和服务业态；第三，互联网技术在辅助参展商提高展示效果方面将有重大突破。这方面主要是场景化、立体化、智能化展示技术和手段的应用。

5. 会展管理将更加规范

2015年，国务院相继公布了《国务院关于进一步促进展览业改革发展的若干意见》和《国务院关于同意建立促进展览业改革发展部级联席会议制度的批复》，浙江省政府也发布了《浙江省人民政府办公厅关于进一步促进展览业发展的实施意见》，从源头上改变会展管理的无序和混乱状态，浙江省在会展管理法治化、规范化中快步改革，跟上并走在全国前列。会展市场中的政府主导性会展活动逐步确立退出机制，党政机关举办会展活动也趋于规范，最终实现政府向社会购买会展服务的格局。

（三）做大做强浙江省会展业的建议

G20杭州峰会的成功举办，有力地推动了浙江省展览业的快速发展，展览业已经成为构建浙江省现代市场体系和开放型经济体系的重要平台，在浙江省经济社会发展中的作用日益凸显。《国务院关于进一步促进展览业改革发展的若干意见》（国发〔2015〕15号）和《浙江省人民政府办公厅关于进一步促进展览业发展的实施意见》（浙政办发〔2015〕131）的发布，为浙江加快发展会展业，做大做强会展业，提供了契机。

1. 进一步提高会展业的引领作用

《国务院关于进一步促进展览业改革发展的若干意见》明确提出，建立商务主管部门牵头，发展改革、教育、科技、公安、财政、税务、工商、海关、质检、统计、知识产权、贸促等部门和单位共同参与的部际联席会议制度，统筹协调，分工协作，理顺了展览管理体制，为展览健康有序发展打下坚实基础。浙江省商务厅作为浙江省展览的主管部门，是推动浙江省从会展大省向会展强省转变的关键。浙江省对展会特别是国际展会拓市场作用的从顶层到基层都有较高的认识，企业对参展有很高的热情，继续贯彻执行"能展尽展，全力出展"的工作方针，贯彻落实"贸联五洲 展通四海"，把展会拓市场作为外贸工作的主抓手不放松，不断推动企业更多地参与国际展会，促进对外贸易持续稳定发展。

2. 进一步培育龙头展览企业

政府需要引导大型骨干展览企业通过收购、兼并、控股、参股、联合等形式组建国际展览集团，努力打造若干个国内知名的龙头展览企业。

3. 进一步开拓国际高端展会

政府要想方设法为参展企业参与高端展会提供条件，积极帮助全省企业争取高端专业展参展资格，帮助企业通过展会拓市场和转型升级。近年来，省商务厅已与励展公司、法兰克福展览公司、科隆展览公司、汉诺威展览公司等著名展览公司签订了合作备忘录。

4. 进一步开拓境外自办展系列

紧紧围绕国家战略和浙江省产业发展需要，重点是"一带一路"沿线国家和地区，进一步完善设点布局，开拓更多的展会市场，提高办展水平和成效，从原来以综合性展为主的转向以专业展为主，细分展会市场，提升办展档次和成效，培育更多的境外自办展品牌。

5. 进一步处理好政府和市场的关系

政府与市场应协调发展，加快政府职能转变，创新管理方式，优化公共服务，充分发挥市场在资源配置中的决定性作用，推动政府稳步有序退出展览市场，积极推进展览业市场化进程。

2017年是商务部门主管展览行业的第二个年头。按照省委、省政府"干在实处、走在前列、勇立潮头"的要求，充分发挥展会在拓市场中的主渠道和主抓手作用，不断深化展贸联动，圆满完成全年全省外贸工作各项目标任务；进一步明确展览业市场化、产业化、品牌化、国际化、法制化、信息化发展方向，以打造展览业强省为目标，有效发挥政府引导和促进作用，不断创新，努力推动全省展览业持续健康发展。

（四）2016年浙江省会展业十大新闻事件

在过去的2016年，浙江省会展业界很多事件值得关注，得到了政府有关部门的高度重视，并被给予更多的支持和鼓励。为重温浙江省会展业在2016年的亮点，浙江省国际会议展览业协会在微信公众号上组织开展了"2016年浙江省会展业十大新闻事件"评选活动。经过会展界同仁们的投票，十大新闻事件正式揭晓。

1. G20杭州峰会成功举办

二十国集团(G20)领导人第十一次峰会于9月4日至5日在浙江省杭州市举行。G20杭州峰会的举办提高了杭州的接待能力，是浙江会议业实现腾飞的契机。仅G20杭州峰会期间，新闻中心共接待来自近70个国家中外媒体记者共

1.8万人次，并举办12场新闻发布会。G20杭州峰会后，国际社会对中国的服务水平会更有信心，中国会议产业发展的步伐会更加坚实。

2. 浙江省商务厅印发《2016年全省展览业发展工作要点》

2016年是商务部门履行展览业牵头管理职能的第一年，为更好地抓住G20在浙江省举办的发展机遇，进一步建立健全由商务部门牵头的展览行业管理工作机制，更加积极推进展览业市场化进程，规范党政机关办展，加强分类管理和行业交流，积极培育市场主体和品牌展览项目，更好地推动浙江省展览业发展上新台阶，省商务厅特此向各市、县(市、区)商务主管部门印发《2016年全省展览业发展工作要点》，要求各级商务部门进一步明确定位，落实责任，主动作为，为全省展览业发展作出贡献。

3. 第三届世界互联网大会成功召开

第三届世界互联网大会于2016年11月16日上午在浙江嘉兴乌镇开幕。中共中央总书记、国家主席习近平在开幕式上通过视频发表讲话。互联网大会主题为"创新驱动 造福人类——携手共建网络空间命运共同体"。大会在全球范围内邀请了1200余位来自政府、国际组织、企业、技术社群和民间团体的互联网领军人物，围绕互联网经济、互联网创新、互联网文化、互联网治理和互联网国际合作五个方面进行探讨交流。

4. 2016年三会在宁波举办，全球展览浙江论坛成亮点

2016年浙洽会、消博会、中东欧博览会(简称"三会")于6月9日在宁波举行，期间安排了42项重要活动，推介重大投资项目300多个，包括一大批补短板、促转型、惠民生的优质项目。全球展览浙江论坛成为亮点之一，全球展览浙江论坛由浙江省政府主办，浙江省副省长梁黎明到会并致辞，会议最后发布了《2016中国会展产业年度报告》。作为全球首个我们展览人自己的节日，全球展览浙江论坛的举办恰逢其时，是浙江省展览业面向全球市场化发展难得的机遇。

5. 阿里B2B联手亚洲博闻研发O2O2O商贸平台

9月19日，阿里巴巴B2B事业部联手亚洲博闻（UBM）研发O2O2O商贸平台。O2O2O商贸平台旨在打通线上精准匹配——线下见面洽谈——线上达成交易的展会行业新模式，这是双方自2015年12月签订战略合作协议以来的重要合作成果。

6. 义乌进口展成为全国首个通过UFI认证的进口消费类展会

6月23日，义乌商城展览收到了全球展览业协会（UFI）执行董事Kai Hattendorf先生从法国总部发回的通过认证确认函：义乌进口展顺利通过UFI认证。义乌进口商品博览会于2012年创办，至今已成功举办5届。从2015年起，围绕国家"一带一路"重大倡议，以经贸为主轴，以日用消费品为重点，致力打造中国进口日用消费品展会第一品牌。

7. 浙江出口商品交易会出海日本、捷克等7国——"品质浙货，行销天下"成果丰硕

近年来，浙江省商务厅以实施"品质浙货，行销天下"工程为主体，千方百计开拓国际市场，"品质浙货"大踏步走向世界，叫响浙江力量。2016年，由浙江省商务厅主办、浙江远大国际会展有限公司承办境外自办展除原有的5个（浙江出口商品大阪、吉隆坡、河内、吉达、比什凯克）交易会，新增的2个浙江出口商品（德黑兰、布尔诺）交易会，成功举办，"品质浙货，行销天下"工程保持高频度、多地区、持续性在全球各地亮相，增强了"浙江制造"的全球影响力。

8. 第六届浙江省会展策划大赛成功举办

12月10日，由浙江省教育厅、浙江省商务厅指导，浙江省高等学校公共管理类和旅游管理类专业教学指导委员会、浙江省国际会议展览业协会、浙江省会展学会联合主办，浙江农业商贸职业学院承办的第六届浙江省会展策划大赛在绍兴圆满结束。该大赛已经连续举办了六届，是一项社会、院校、企业多赢的学企互动项目，进一步推动我省会展强省的建设，对会展行业整

体提升有着积极而深远的意义。

9. 第七届云栖大会于10月13日如约亮相

10月13日至16日，2016杭州·云栖大会在云栖小镇国际会议中心举行，来自全球58个国家和地区的4万名科技精英参加了大会，更有超过700万人在线观看了大会直播。步入第7个年头的云栖大会，一举成为全球规模最大的科技盛会之一，成为一年一度中国科技创新的集中展示平台。云栖大会倡导的普惠科技理念，除了对互联网产业的影响，正在越来越多地影响着普通人生活的方方面面。

10. 第十八届西湖国际博览会发挥后G20效应

10月14日至10月31日，第十八届西湖国际博览会在杭州举行。本届西博会以"发挥后G20效应，增强西博会活力"为主题，会期内共33个项目，贸易成交108.74亿元，引进内资276.1亿元，引进外资10.23亿美元，来自40多个国家地区的中外来宾和市民游客1200万人次参加了本届西博会。本届西博会在国际化、品牌化、市场化、专业化方面水平得到提升和加强。

五、2016年江苏省会展业发展情况

（江苏省会议展览业协会）

2016年江苏省会议展览行业在适应经济发展新常态中，深入推进展览业供给侧结构性改革，在省政府的正确领导和大力支持下，全省会展行业认真贯彻落实国务院、省政府关于展览业改革发展若干意见精神，按照"创新、协调、绿色、开放、共享"的五大理念，在政府引导规范和市场化运作形成合力下，大力推动了展会的转型升级和资源整合，使得会议展览行业保持稳定增长。

"十三五"伊始，江苏省会议展览业继续保持平稳较快增长势头，规模扩大，效益提升，行业结构和区域布局进一步优化，会议展览业市场步入更加有序的健康发展轨道，行业得到了进一步的发展。

（一）2016年江苏省会展产业发展数据

1.江苏省主要会展城市的展会数据

2016年，江苏省共举办各类展会活动966场，展览面积962.36万平方米。全省展览总面积在全国排名第4，比2015年上升2个名次。

从各市办展数量上可以看出，2016年在全国经济整体略有回升的情况下，全省会展数量和展出面积都呈现出两位数的增长，更体现出会展这个晴雨表在江苏省经济发展中的反应作用。全省13个市中，除了淮安会展中心改变用途，没有展览数据，宿迁新展馆启用，第一次上报数据外，其余11个市均位列前100名以内。其中，南京市以430.95万平方米的展览总面积位居全国城市办展面积排行榜的第5位，比2015年前进10个位次。另有常州、徐州和连云港的位次较2015年也有所上升，苏州和盐城与2015年持平，无锡、南通、泰州和扬州都较2015年有所下降。

（1）江苏省各市办展数量的占比情况。

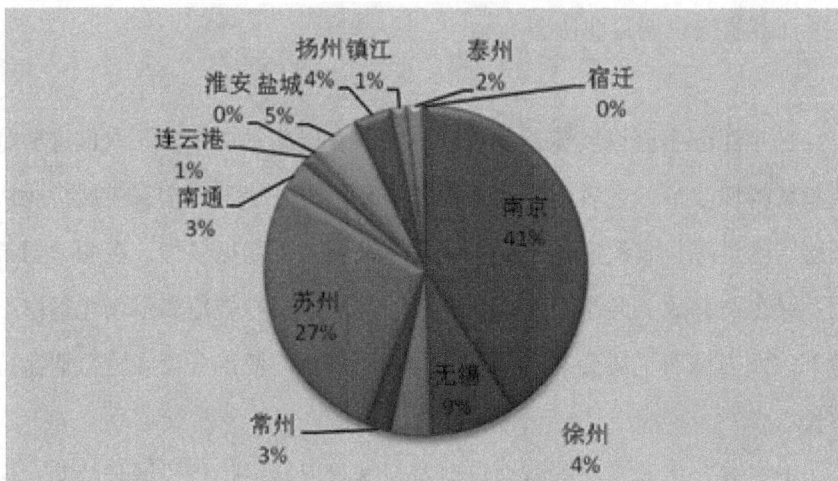

图5-1 2016年江苏省各市办展数量的占比

表5-6 2016年江苏省各市办展数量统计表

序号	城市	展览数量（场）	比上年增减(%)
1	南京	394	75.11%
2	苏州	263	50.29%
3	无锡	84	6.33%
4	常州	25	-13.79%
5	扬州	38	35.71%
6	南通	28	-12.5%
7	盐城	47	11.9%
8	淮安	/	/
9	徐州	39	8.33%
10	连云港	15	200%
11	泰州	16	-15.79%
12	镇江	15	36.36%
13	宿迁	2	/
全省合计：		966	41.85%

（2）江苏省各市办展面积的占比情况。

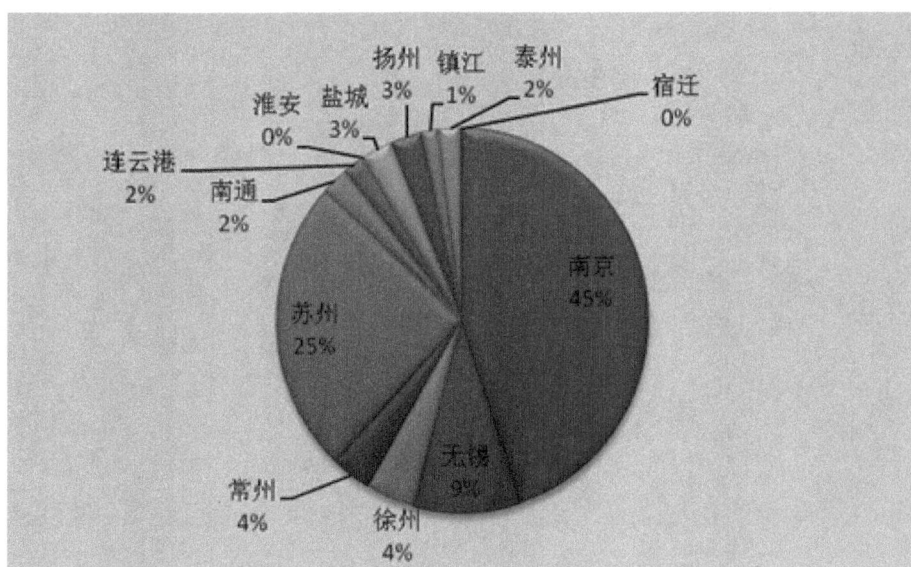

图5-2 2016年江苏省各市办展面积的占比

表5-7 2016年江苏省各市办展总面积统计表

序号	城市	使用面积(万平方米)	比上年增减(%)
1	南京	430.95	91.59%
2	苏州	238.445	26.8%
3	无锡	90.38	-2.57%
4	常州	33.75	1.05%
5	扬州	26.17	21.55%
6	南通	22.5	-15.09%
7	盐城	25.79	-1.23%
8	淮安	/	/
9	徐州	41.4	23.58%
10	连云港	19.31	31.36%
11	泰州	18.86	-9.98%
12	镇江	14	58.19%
13	宿迁	0.8	/
全省合计:		962.355	39.21%

（3）江苏省各市举办2万平方米以上展会的占比情况。

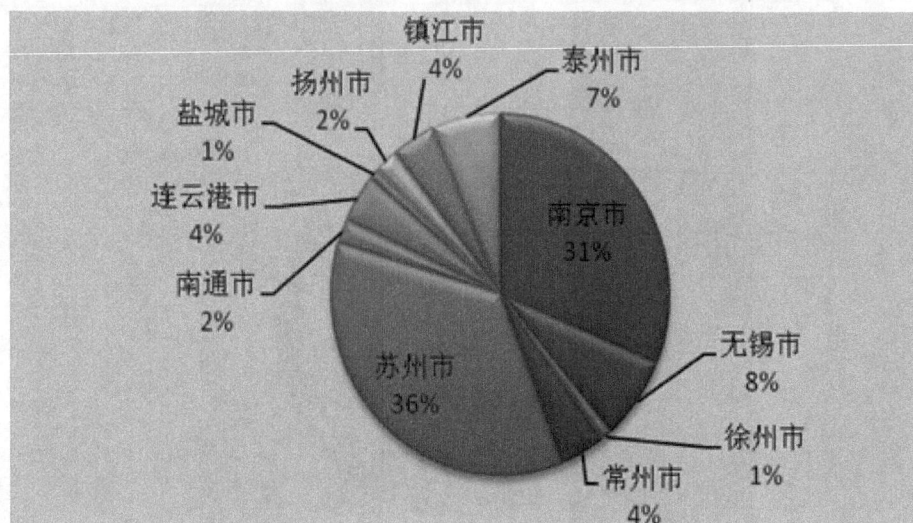

图5-3 2016年江苏省举办2万平方米以上展会的占比

2016年，全省有11个城市举办了931场使用面积在2万平方米以上的展会，共93个，占全省有统计数据的794场展会的11.71%。其中南京29场，苏州33场，2个城市之和占据了全省总量的66.67%。南京地区的单场使用面积最大的展会是由江苏省电动车自行车协会举办的"第三十四届中国江苏国际自行车、新能源电动车及零部件交易会"，于2016年10月21日-23日在南京国际博览中心举办，总面积达10万平方米。苏州地区的单场使用面积最大的展会是由中国连锁经营协会与北京智合联创展览有限公司共同主办的"中国零售业博览会"，于2016年11月3日-5日在苏州文化博览中心举行，总面积达8.6万平方米。无锡地区单场使用面积最大的展会是由无锡广播电视发展有限公司广告分公司主办的"2016年第九届中国（无锡）国际汽车博览会"，于2016年9月8日-12日在无锡太湖国际博览中心举行，总面积达8万平方米（详见表5-8）。

表5-8　2016年江苏省举办2万平方米以上展会的情况

序号	所在城市	2万平方米以上展会数量（场）
1	南京市	29
2	无锡市	7
3	徐州市	1
4	常州市	4
5	苏州市	33
6	南通市	2
7	连云港市	4
8	盐城市	1
9	扬州市	2
10	镇江市	4
11	泰州市	6
合计:		93

　　2016年全省举办的使用面积在2万平方米以上的93场展会主要集中在4个大类，其中，专业类43场，消费类45场，2个类别之和占据了全省总量的94.62%。专业类中单场使用面积最大的展会是"第三十四届中国江苏国际自行车、新能源电动车及零部件交易会"。消费类中单场使用面积最大的展会是由全国休闲标准化技术委员会和苏州高新区管委会共同主办的"第六届中国房车露营大会暨房车展"，于2016年9月29日–10月6日在苏州高新区·西部生态城·太湖一号房车露营公园举行，总面积达7.4万平方米(见图5-4)。

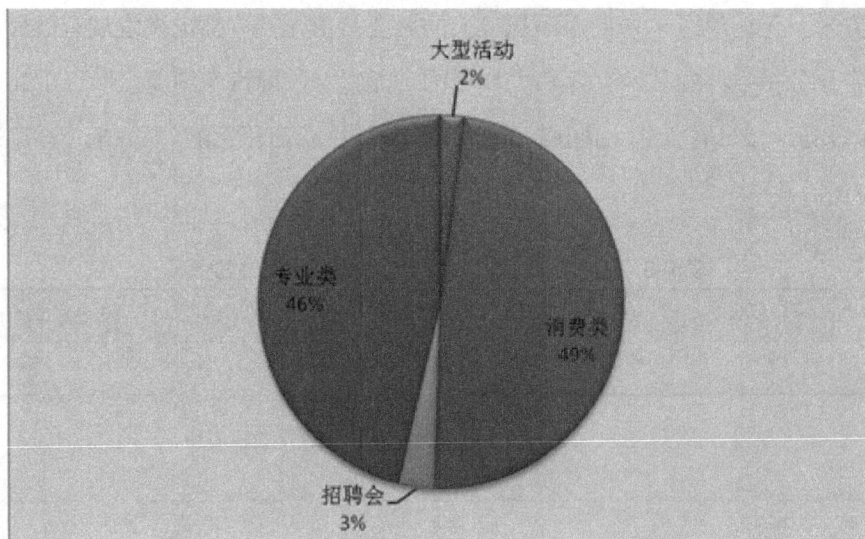

图5-4 2016年江苏省举办2万平方米以上展会的类别分布

　　这93个展出面积在2万平方米以上的展会分别来自32个细分行业类别，其中占比最大的为汽车展，共有32场，占总数的34.41%；其次为家具家装展，共有10场，占总数的10.75%。新能源类和综合类展览也各有4场使用面积在2万平方米以上的展会，各占总数的4.3%（详见表5-9）。

表5-9　2016年江苏省举办2万平方米以上展会的类别与数量

序号	细分行业类别	2万平方米以上展会数（场）
1	汽车展	32
2	家具家装	10
3	新能源	4
4	综合展览	4
5	工艺品	3
6	两轮车	3
7	文化创意	3
8	招聘会	3
9	动漫游戏	2
10	工业制造	2
11	汽车、配件及用品	2
12	物流	2
13	信息科技	2
14	渔业	2
15	孕婴童	2
16	厨卫	1
17	电机	1
18	电子展	1
19	服装服饰	1
20	工业自动化	1
21	户外休闲	1
22	化工	1
23	建筑建材	1
24	进口商品	1
25	旅游产业	1
26	农产品	1
27	农机展	1
28	食品饮料	1
29	图书	1
30	医疗器械	1
31	医药	1
32	智慧城市	1
合计：		93

（4）江苏省展会淡旺季的分布情况。

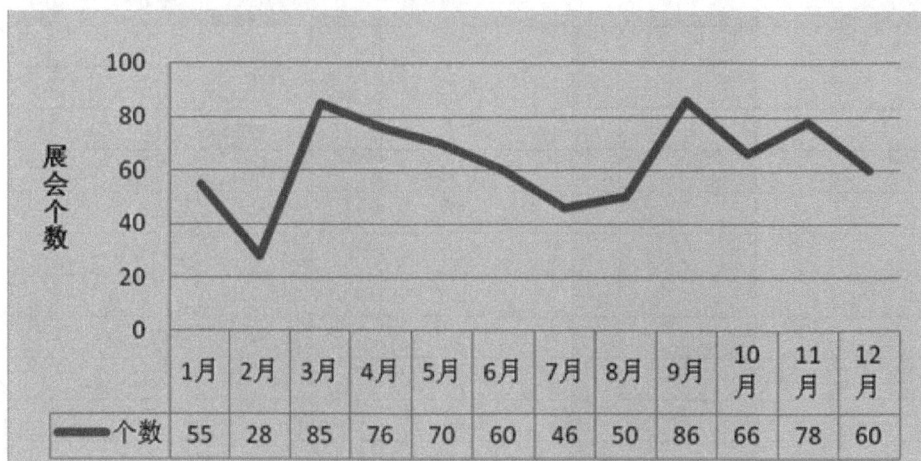

	1月	2月	3月	4月	5月	6月	7月	8月	9月	10月	11月	12月
个数	55	28	85	76	70	60	46	50	86	66	78	60

图5-5 2016年江苏省展会数量淡旺季分布情况

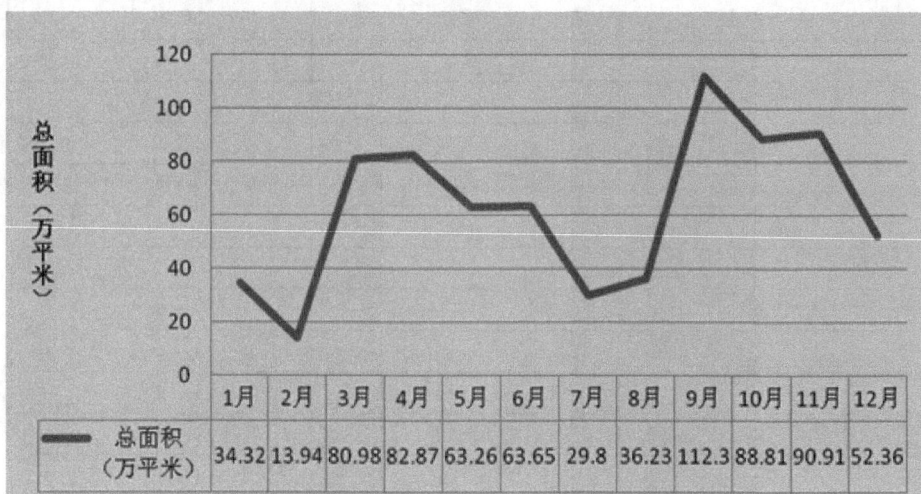

	1月	2月	3月	4月	5月	6月	7月	8月	9月	10月	11月	12月
总面积（万平米）	34.32	13.94	80.98	82.87	63.26	63.65	29.8	36.23	112.3	88.81	90.91	52.36

图5-6 2016年江苏省展会面积淡旺季分布情况

从全省展会数量和总面积的淡旺季走势图上可以看出，每年的3-4月、9-11月为展会旺季，尤其是在秋季，展会的数量和办展总面积在全年中都是最高的。而每年的1、2月份为中国传统节日春节前后，是展会相对清淡的时期（见图5-7）。

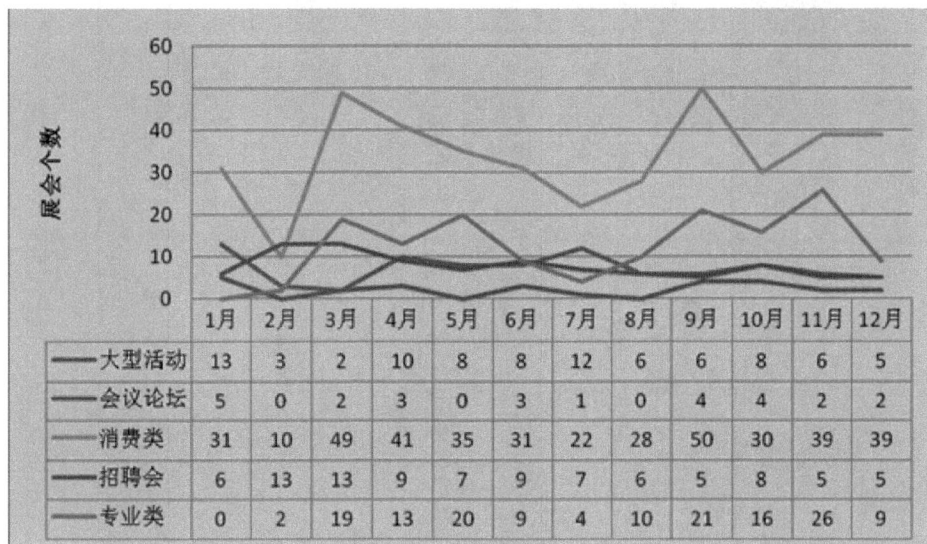

	1月	2月	3月	4月	5月	6月	7月	8月	9月	10月	11月	12月
大型活动	13	3	2	10	8	8	12	6	6	8	6	5
会议论坛	5	0	2	3	0	3	1	0	4	4	2	2
消费类	31	10	49	41	35	31	22	28	50	30	39	39
招聘会	6	13	13	9	7	9	7	6	5	8	5	5
专业类	0	2	19	13	20	9	4	10	21	16	26	9

图5-7 2016年江苏省各大类展会数量淡旺季对比图

　　从展会大类来看，消费类展会的最高峰出现在3月和9月，而11月则是专业类展会的最旺季，7月在其它各类展会都为低谷的时候，大型活动则进入最旺季节。会议论坛和招聘会的分布在全年都比较平均，招聘会的相对高峰出现在2-3月，也就是春节过后的1-2个月。

　　2.江苏省各类展会的数据

　　（1）细分行业分布数据。从全省展会的行业分布来看，家具家装展会数量最多，全省2016年共举办此类展会114场；其次是汽车展，共举办104场；招聘会、建筑建材类、动漫游戏和服装服饰类，分别达到93场、75场、42场和31场之多。跟往年一样，招聘会的数量始终排在前列。2016年，全省12个城市正式会展场馆统计到的500平方米以上的招聘会达到93场（详见图5-8、表5-10）。

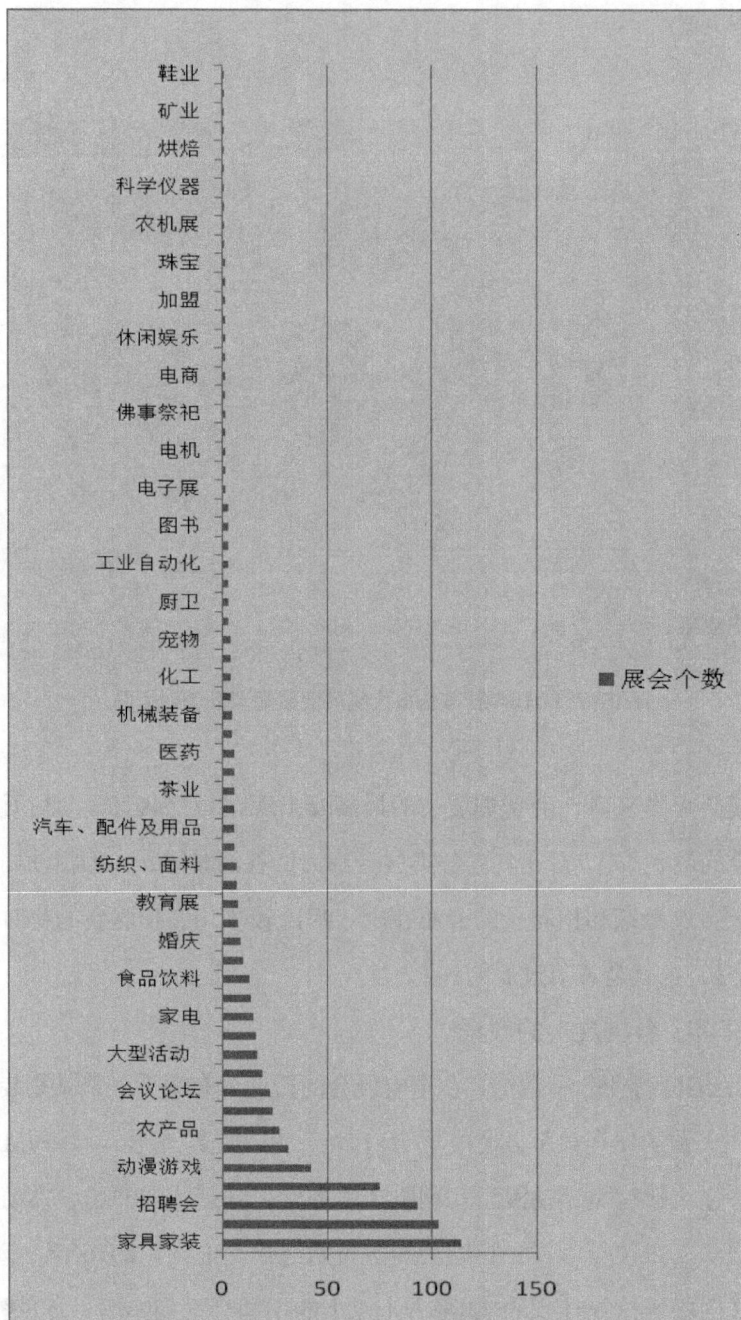

图5-8 2016年江苏省细分行业展会数量排行榜

表5-10 2016年江苏省细分行业展会数量

序号	行业类别	数量（场）
1	家具家装	114
2	汽车展	104
3	招聘会	93
4	建筑建材	75
5	动漫游戏	42
6	服装服饰	31
7	农产品	27
8	综合展览	24
9	会议论坛	23
10	房交会	19
11	大型活动	17
12	孕婴童	16
13	家电	15
14	两轮车	14
15	食品饮料	13
16	年货	10
17	婚庆	9
18	新能源	8
19	教育展	8
20	渔业	7
21	纺织、面料	7
22	工艺品	6
23	汽车、配件及用品	6
24	信息科技	6
25	茶业	6
26	旅游产业	6
27	医药	6
28	养老	5
29	机械装备	5
30	工业制造	4

序号	行业类别	数量（场）
31	化工	4
32	安全防护	4
33	宠物	4
34	文化创意	3
35	厨卫	3
36	医疗器械	3
37	工业自动化	3
38	物流	3
39	图书	3
40	健康产业	3
41	电子展	2
42	户外休闲	2
43	电机	2
44	畜牧业	2
45	佛事祭祀	2
46	金属材料	2
47	电商	2
48	环保水处理	2
49	休闲娱乐	2
50	美容美发	2
51	加盟	2
52	皮革	2
53	珠宝	2
54	进口商品	1
55	农机展	1
56	智慧城市	1

续表

序号	行业类别	数量（场）
57	科学仪器	1
58	广告设备	1
59	烘焙	1
60	塑料橡胶工业	1
61	矿业	1
62	照明	1
63	鞋业	1
合计：		794

从办展面积上来看，汽车展的办展总面积最大，全省2016年举办的汽车展总面积达到158.8万平方米；其次是家具家装类展览，总面积达94.06万平方米；建筑建材类和招聘会分别达到41.54万平方米和36.7万平方米；动漫游戏和综合类展会的总面积均超过31.98万平方米（详见图5-9、表5-11）。

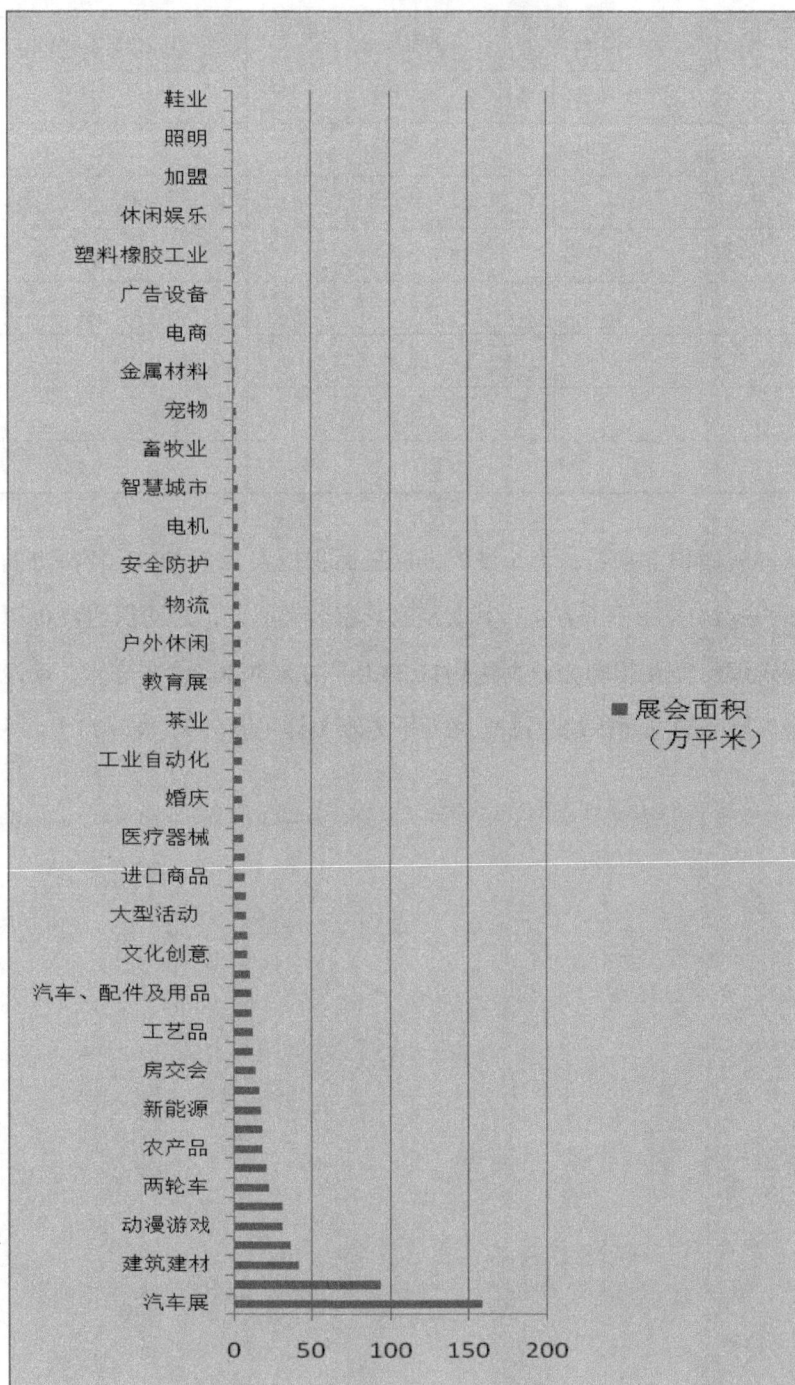

图5-9 2016年江苏省细分行业展会面积排行榜

表5-11　2016年江苏省细分行业展会面积

序号	行业类别	面积（平方米）
1	汽车展	1587976
2	家具家装	940610
3	建筑建材	415400
4	招聘会	367000
5	动漫游戏	319750
6	综合展览	311500
7	两轮车	230600
8	服装服饰	211730
9	农产品	188000
10	渔业	185400
11	新能源	182088
12	孕婴童	167100
13	房交会	141200
14	会议论坛	131860
15	工艺品	126100
16	食品饮料	123050
17	汽车、配件及用品	117600
18	信息科技	109600
19	文化创意	97400
20	工业制造	94532
21	大型活动	89120
22	厨卫	82000
23	进口商品	80000
24	农机展	80000
25	医疗器械	69998
26	家电	67350
27	婚庆	63100
28	年货	62600
29	工业自动化	59000
30	电子展	56800

序号	行业类别	面积（平方米）
31	茶业	52880
32	旅游产业	52450
33	教育展	52160
34	化工	48000
35	户外休闲	48000
36	养老	47784
37	物流	46000
38	机械装备	44750
39	安全防护	40580
40	医药	39976
41	电机	35000
42	纺织、面料	34500
43	智慧城市	31200
44	图书	29500
45	畜牧业	28900
46	佛事祭祀	25440
47	宠物	23318
48	健康产业	17100
49	金属材料	16800
50	科学仪器	15900
51	电商	15520
52	环保水处理	15000
53	广告设备	15000
54	烘焙	14300
55	塑料橡胶工业	13250
56	矿业	12000
57	休闲娱乐	11400
58	美容美发	7550
59	加盟	7000
60	皮革	6000

续表

序号	行业类别	面积（平方米）
61	照明	4000
62	珠宝	3316
63	鞋业	1400
合计：		7614438

（2）类别分布数据。从展会数量上按类别的分布情况看，消费类展览会所占比重最大，达到全省所有会展的55%；其次是专业类，占到19%；会议论坛相对占比较小，占全部展会的3%（详见图5-10、表5-12）。

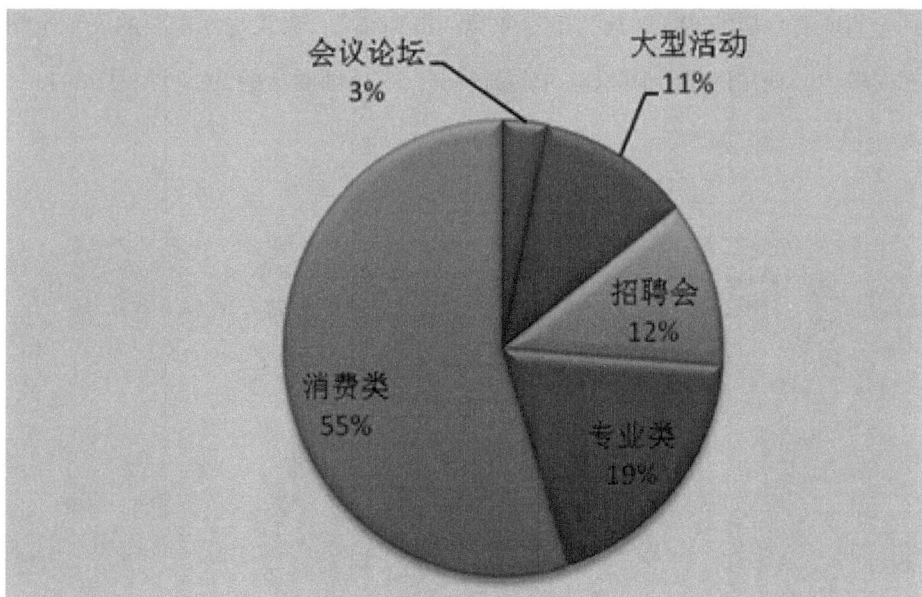

图5-10 2016年江苏省展会数量按类别分布情况

表5-12 2016年江苏省展会数量、类别及占比

序号	展会类别	展会数量（场）	占比
1	会议论坛	26	2%
2	大型活动	89	11%
3	招聘会	93	12%
4	专业类	150	19%
5	消费类	436	55%
小计：		794	100%

注：根据全省28个主要会展场馆、南京会展办、苏州会展协会和无锡会展办报送数据统计。

从展会面积上按类别的分布情况看，消费类展览会仍占据最大比重，达到全省所有会展的49%；其次是专业类，占到36%；会议论坛需要的展示空间相对较少，使用的场地面积也占比例最少，占全部展会的2%（详见图5-11、表5-13）。

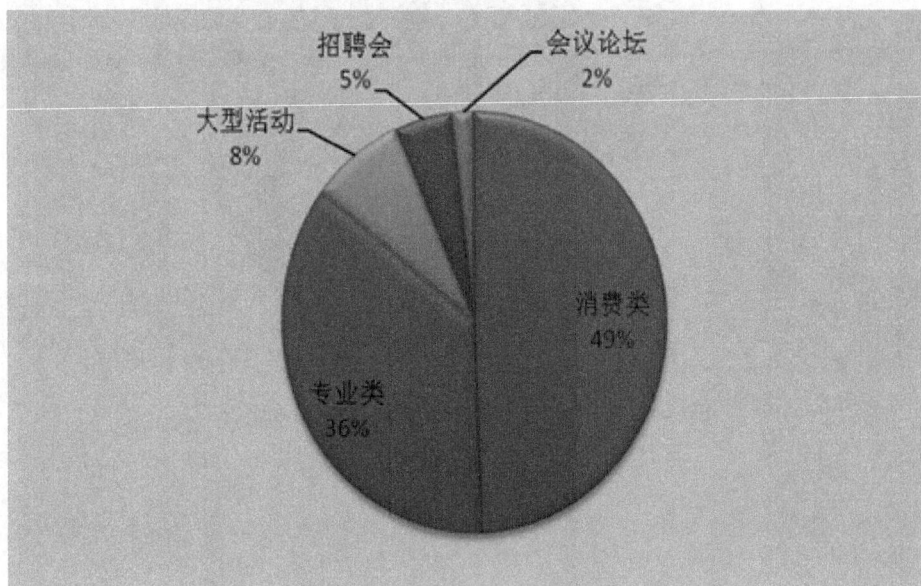

图5-11 2016年江苏省展会面积按类别分布情况

表5-13 2016年江苏省展会面积、类别及占比

序号	展会类别	展会面积（平方米）	占比
1	消费类	3760916	49%
2	专业类	2753014	36%
3	大型活动	590730	8%
4	招聘会	367000	5%
5	会议论坛	140580	2%
小计：		7612240	100%

3. 江苏省各主要场馆数据

截止到2016年底，江苏省已经建成并在使用的专业展览场馆有31个，在全国各省份专业场馆数量排行中仅次于山东列第二位。全省专业展览场馆室内总面积80.37万平方米，在全国各省份专业场馆面积比较中紧随山东和广东之后，排列第三。

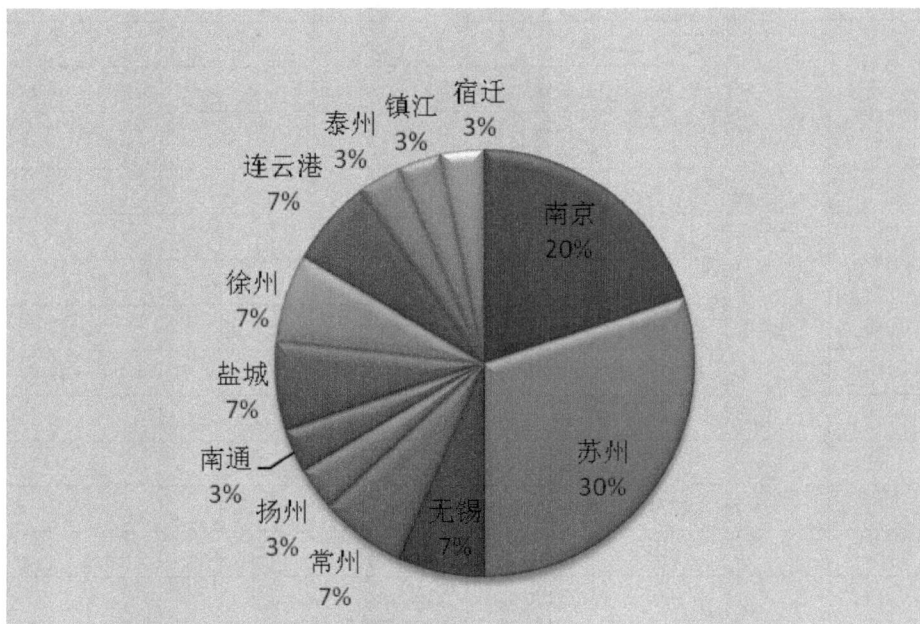

图5-12 2016江苏省各市展馆数量分布情况

全省13个市中，除淮安外的12个城市均有数量不等的在用展馆。其中，南京市和苏州市分别拥有6个和9个专业展馆，室内展馆总面积分别为19.76万平方米和25.6万平方米，室外可供展馆用总面积分别为6.16万平方米和11.5万平方米，展馆内会议室总面积分别为1.62万平方米和5.79万平方米。从城市拥有展馆的数量和使用面积看，南京、苏州均居全省前列（详见图5-13、表5-14）。

表5-14 2016年江苏省各市展馆面积

序号	城市	名称	展览面积(平方米)		会议室面积（平方米）
			室内	室外	
1	南京	南京国际展览中心	42170	28580	5898
2		南京国际博览中心	110000	30000	9500
3		南京市规划建设展览馆	4200	3000	0
4		江苏国际农业展览中心	8000		380
5		江宁会展中心	1700		384
6		南京奥体中心	31500		
7	苏州	苏州国际博览中心	100000	20000	50000
8		苏州国际会议中心			
9		苏州国际影视娱乐城（苏州广电会展中心）	15000	30000	0
10		三香路体育中心体育场			
11		常熟国际展览中心	21000	7000	0
12		昆山国际会展中心	50000	48000	2876
13		昆山花桥会展中心	70000	10000	5000
14		昆山市科技文化博览中心			
15		盛泽博览中心			
16	无锡	无锡市体育会展中心	12100	16000	600
17		无锡太湖国际博览中心	65400	10000	450
18	常州	常州国际体育会展中心	18000	10000	0
19		常州西太湖国际博览中心	42444	25456	0
20	扬州	扬州国际展览中心	15000	10000	1000
21	南通	南通体育会展中心	30000	40000	0

续表

序号	城市	名称	展览面积(平方米)		会议室面积（平方米）
			室内	室外	
22	盐城	盐城体育会展中心	10000	5000	0
23		盐城国际会议展览中心	25000	100000	2500
24	淮安	原淮安会展中心改为市政中心			
25	徐州	徐州国际会展中心	13000	60000	600
26		徐州雨润展示中心	10000	20000	1000
27	连云港	连云港国际展览中心	20000	20000	0
28		连云港工业展览中心	33160	2000	3200
29	泰州	泰州国际博览中心	20000	10000	5600
30	镇江	镇江体育会展中心	11000	12000	0
31	宿迁	宿迁国际体育会展中心	25000	40000	0
合计：			770474	557036	88604

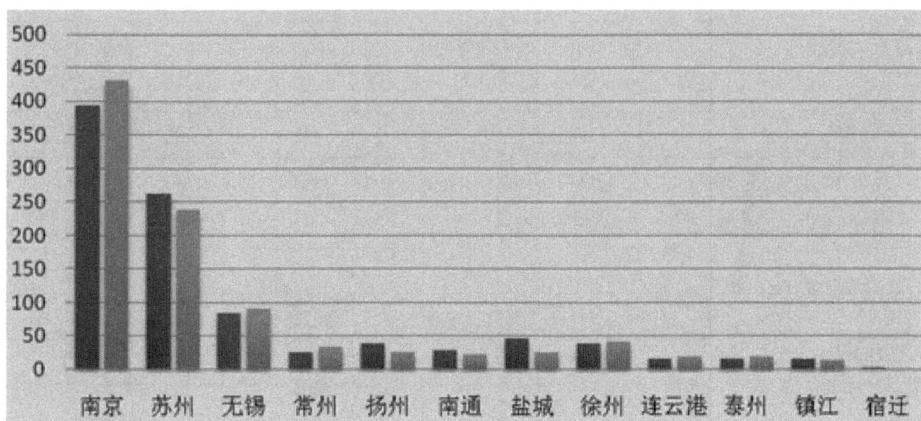

图5-13 2016年江苏省各市展会数量及面积

从展会数量和展览总面积看，南京和苏州两市也是领跑全省，南京市394场展会共430.95万平方米，苏州市263场展会共238.445万平方米（详见表5-15）。

表5-15 2016年江苏省各市展会数量及面积

序号	城市	名称	展览数量（场）	使用面积 (万平方米)
1	南京	南京国际展览中心	176	109.45
2		南京国际博览中心	57	113.72
3		南京市规划建设展览馆	14	4.38
4		江苏国际农业展览中心	13	6.4
5		江宁会展中心		
6		南京奥体中心		
		南京其它	134	197
7	苏州	苏州国际博览中心	42	91.11
8		苏州国际会议中心	40	3.532
9		苏州国际影视娱乐城（苏州广电会展中心）	39	20.62
10		三香路体育中心体育场	10	15.8
11		常熟国际展览中心	34	15.1
12		昆山国际会展中心	32	40.7
13		昆山花桥会展中心	14	25.36
14		昆山市科技文化博览中心	24	10.2
15		盛泽博览中心	4	3.2
		苏州其它	24	12.823
16	无锡	无锡市体育会展中心	30	23.88
17		无锡太湖国际博览中心	50	64.8
		无锡其它	4	1.7
18	常州	常州国际体育会展中心	21	13.9
19		常州西太湖国际博览中心	4	19.85
20	扬州	扬州国际展览中心	38	26.17
21	南通	南通体育会展中心	28	22.5
22	盐城	盐城体育会展中心	23	10.3
23		盐城国际会议展览中心	24	15.49
24	淮安	原淮安会展中心改为市政中心	/	/

续表

序号	城市	名称	展览数量（场）	使用面积 (万平方米)
25	徐州	徐州国际会展中心	38	40.4
26		徐州雨润展示中心	1	1
27	连云港	连云港国际展览中心	13	15.7
28		连云港工业展览中心	2	3.61
29	泰州	泰州国际博览中心	16	18.86
30	镇江	镇江体育会展中心	15	14
31	宿迁	宿迁国际体育会展中心	2	0.8
小　计：			966	962.355

4. 江苏省几大主要会展城市办展情况

（1）南京市2016年办展情况。从2016年南京市有详细统计数据的256场展会来看，消费类展会占据总数的34%，专业类展会和招聘会的数量相当，各占23%和24%，大型活动占比19%（详见图5-14、表5-16）。

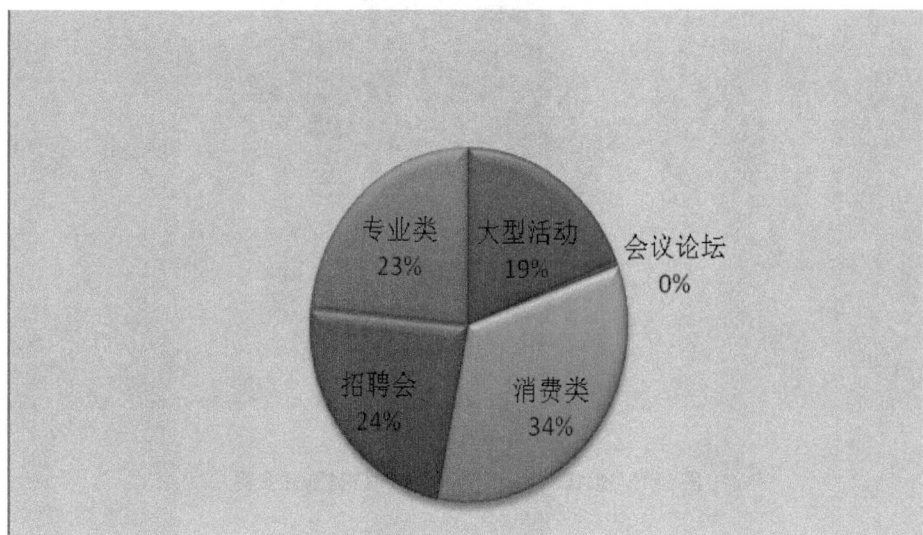

图5-14　2016年南京市办展数量按类别分布图

表5-16 2016年南京市办展数量、类别及占比

序号	展会类别	展会数量（场）	占比
1	大型活动	49	19%
2	会议论坛	1	0%
3	消费类	86	34%
4	招聘会	60	24%
5	专业类	60	23%
小计：		256	100%

　　2016年南京市有详细统计数据的展会总面积达到231.45万平方米。其中专业类展会占据总数的50%，消费类展会占总数的28%，大型活动占比14%，招聘会虽然数量多，但所需场地均不大，总面积只占8%（详见图5-15、表5-17）。

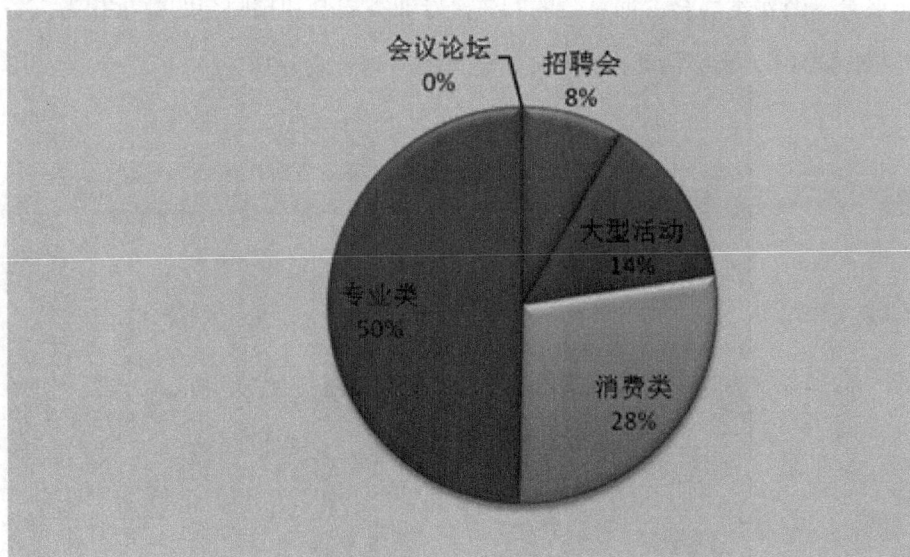

图5-15 2016年南京市办展面积按类别分布图

表5-17 2016年南京市办展面积、类别及占比

序号	展会类别	展会面积（平方米）	占比
1	大型活动	327160	14%
2	会议论坛	1980	0%
3	消费类	642468	28%
4	招聘会	195300	8%
5	专业类	1147594	50%
小 计：		2314502	100%

　　从细分行业类别上可以看出，南京市2016年举办的展会有54个类别，其中招聘会的场次最多，总面积最大的却是家具家装类展会，平均面积最大的是农机类展会（详见图5-16、表5-18）。

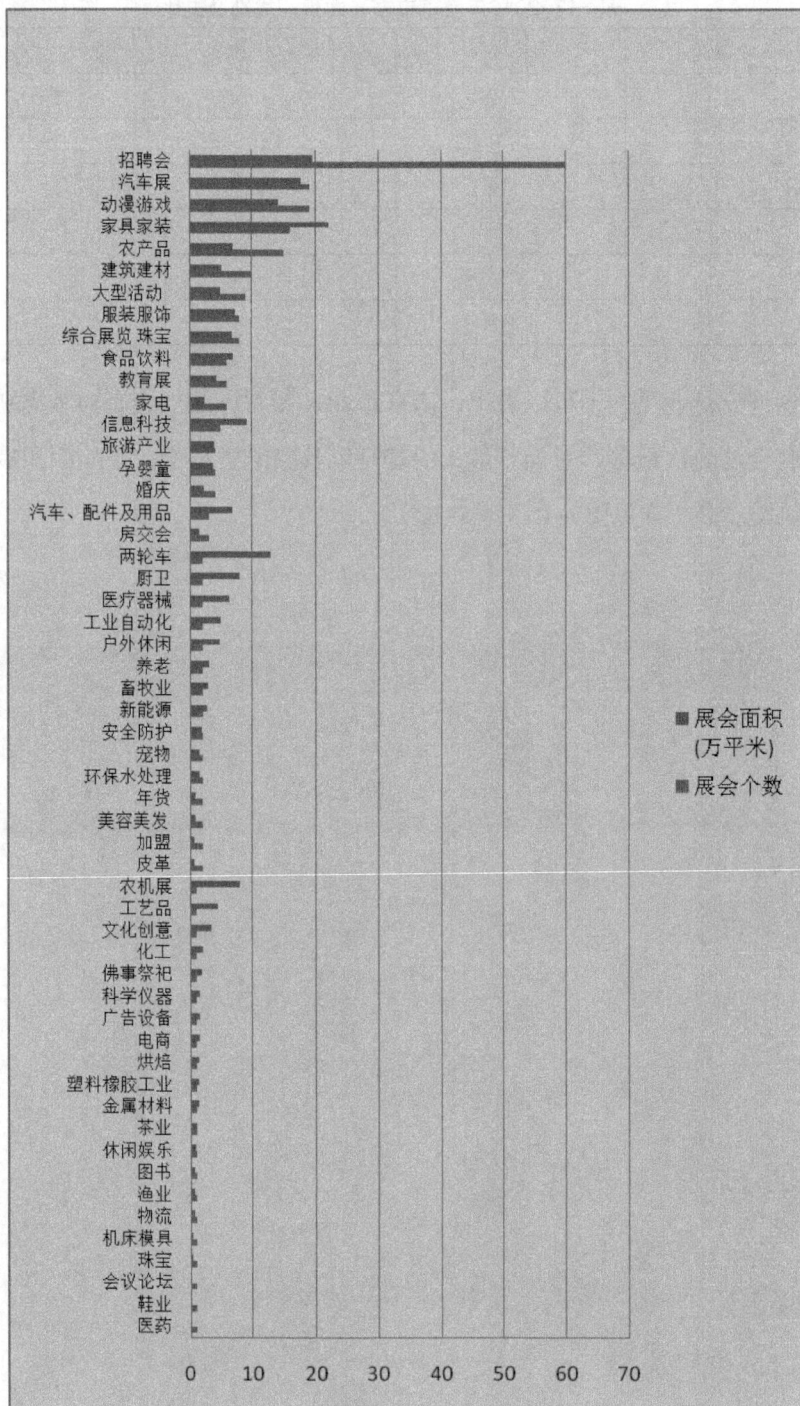

图5-16 2016年南京市细分行业展会规模排行榜

表5-18 2016年南京市细分行业展会数量与面积

序号	行业类别	展会数量（场）	总面积（平方米）
1	医药	1	1000
2	鞋业	1	1400
3	会议论坛	1	1980
4	珠宝	1	3060
5	机床模具	1	3150
6	物流	1	6000
7	渔业	1	6000
8	图书	1	6500
9	休闲娱乐	1	8400
10	茶业	1	10080
11	金属材料	1	12800
12	塑料橡胶工业	1	13250
13	烘焙	1	14300
14	电商	1	14800
15	广告设备	1	15000
16	科学仪器	1	15900
17	佛事祭祀	1	19440
18	化工	1	20000
19	文化创意	1	34000
20	工艺品	1	45000
21	农机展	1	80000
22	皮革	2	6000
23	加盟	2	7000
24	美容美发	2	7550
25	年货	2	8000
26	环保水处理	2	15000
27	宠物	2	15118
28	安全防护	2	19500
29	新能源	2	28000
30	畜牧业	2	28900

续表

序号	行业类别	展会数量（场）	总面积（平方米）
31	养老	2	30784
32	户外休闲	2	48000
33	工业自动化	2	49000
34	医疗器械	2	62198
35	厨卫	2	80500
36	两轮车	2	130000
37	房交会	3	16000
38	汽车、配件及用品	3	68000
39	婚庆	4	21700
40	孕婴童	4	37000
41	旅游产业	4	38450
42	信息科技	5	91600
43	家电	6	24100
44	教育展	6	43160
45	食品饮料	6	69950
46	综合展览 珠宝	8	68000
47	服装服饰	8	73130
48	大型活动	9	49800
49	建筑建材	10	50200
50	农产品	15	69000
51	家具家装	16	221700
52	动漫游戏	19	140500
53	汽车展	19	177500
54	招聘会	60	195300
合计：		256	2314502

(2) 苏州市2016年办展情况。从2016年苏州市会展协会统计到的208场展会来看，消费类展会占总数的61%，专业类展会占总数的20%，会议论坛占总数的11%，而招聘会只占总数的1%（详见图5-17、表5-19）。

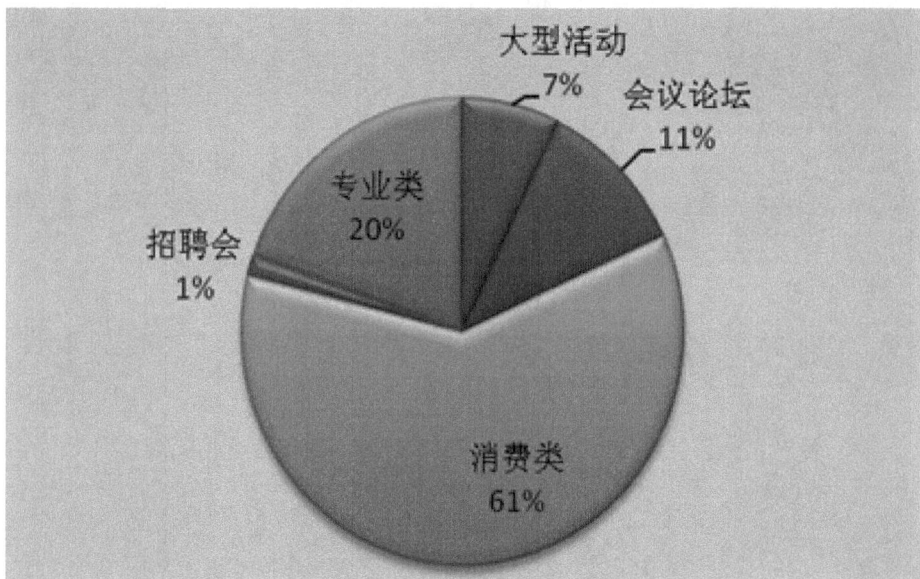

图5-17　2016年苏州市办展数量按类别分布图

表5-19　2016年苏州市展会数量、类别及占比

序号	展会类别	展会数量（场）	占比
1	大型活动	15	7%
2	会议论坛	23	11%
3	消费类	126	61%
4	招聘会	3	1%
5	专业类	41	20%
小计：		208	100%

2016年苏州市会展行业协会统计到的展会总面积达到226.71万平方米。其中消费类展会占总数的50%，专业类展会占总数的39%，大型活动和会议论坛占比相当，分别占总数的4%和6%，招聘会只占总数的1%（详见图5-18、表5-20）。

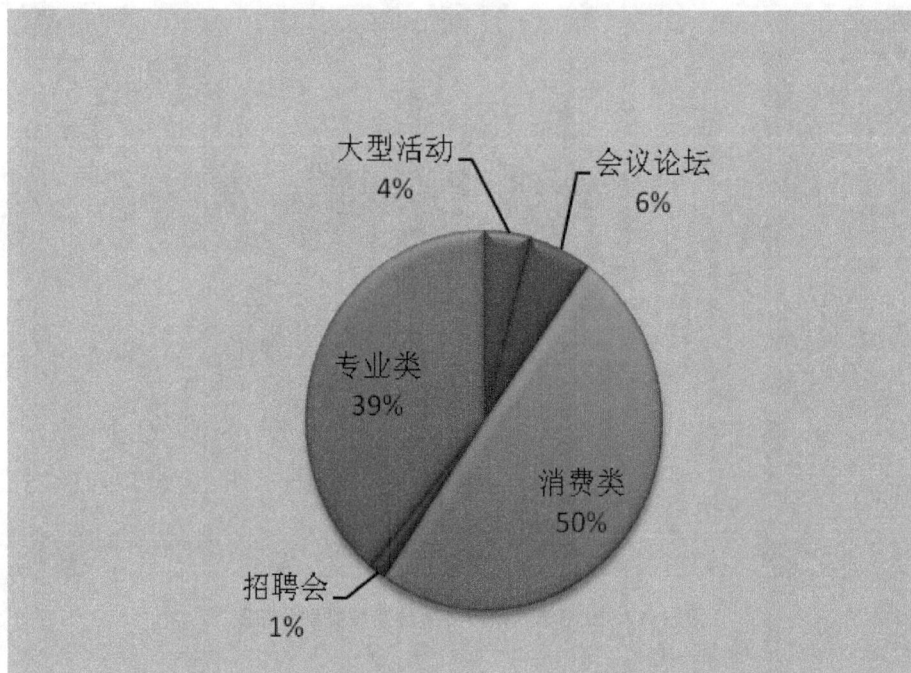

图5-18 2016年苏州市办展面积按类别分布图

表5-20 2016年苏州市展会面积、类别及占比

序号	展会类别	展会面积（平方米）	占比
1	大型活动	95220	4%
2	会议论坛	129600	6%
3	消费类	1123522	50%
4	招聘会	35000	1%
5	专业类	883820	39%
小计：		2267162	100%

　　从细分行业类别上可以看出，苏州市2016年举办的展会有47个类别，其中家具家装类展会的场次最多，总面积最大的却是汽车展，平均面积最大的是进口商品类展会（详见图5-19、表5-21）。

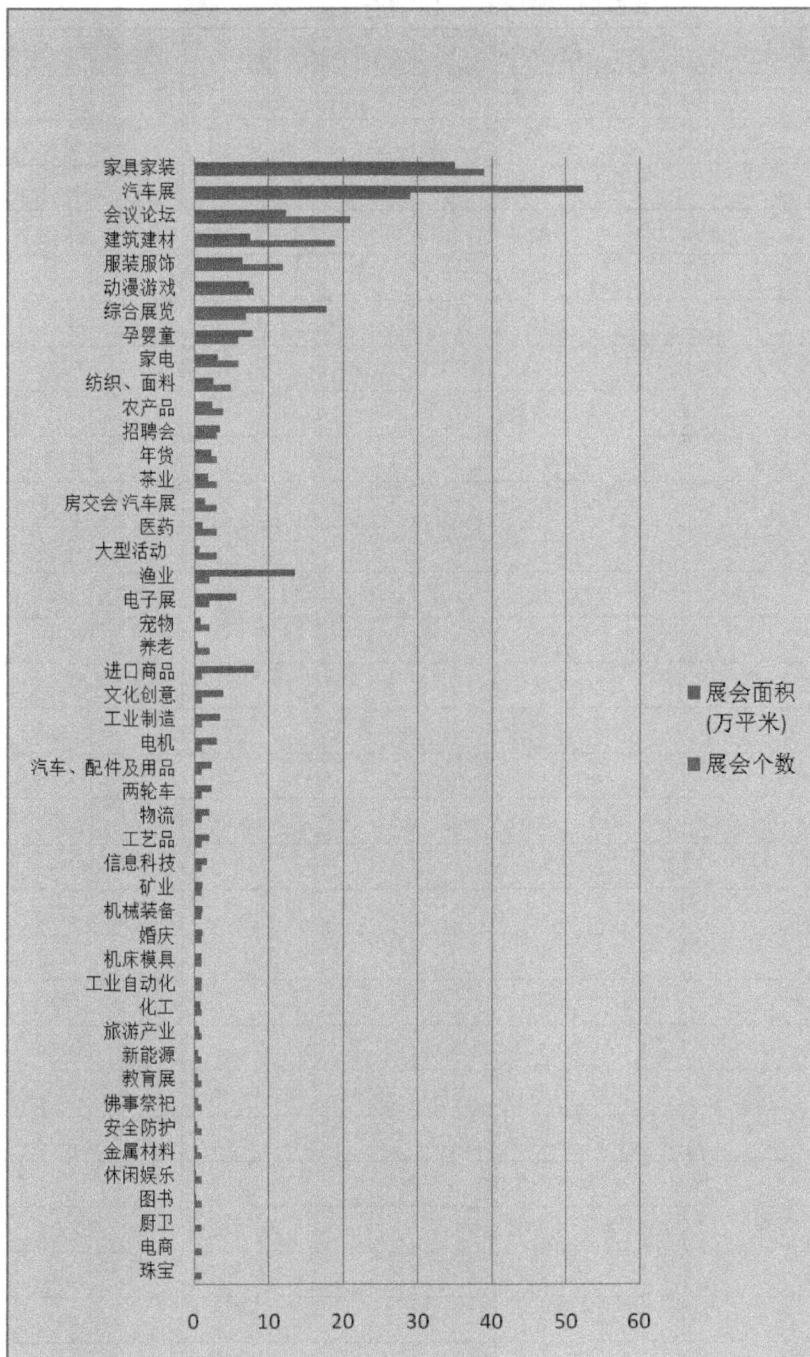

图5-19 2016年苏州市细分行业展会规模排行榜

表5-21　2016年苏州市展会类别、数量、面积

序号	行业类别	展会数量（场）	展会面积（平方米）
1	珠宝	1	256
2	电商	1	720
3	厨卫	1	1500
4	图书	1	3000
5	休闲娱乐	1	3000
6	金属材料	1	4000
7	安全防护	1	5000
8	佛事祭祀	1	6000
9	教育展	1	6000
10	新能源	1	6000
11	旅游产业	1	7000
12	化工	1	8000
13	工业自动化	1	10000
14	机床模具	1	10000
15	婚庆	1	11000
16	机械装备	1	12000
17	矿业	1	12000
18	信息科技	1	18000
19	工艺品	1	20000
20	物流	1	20000
21	两轮车	1	24000
22	汽车、配件及用品	1	24000
23	电机	1	30000
24	工业制造	1	35000
25	文化创意	1	40000
26	进口商品	1	80000
27	养老	2	5000
28	宠物	2	8200
29	电子展	2	56800
30	渔业	2	136000

续表

序号	行业类别	展会数量（场）	展会面积（平方米）
31	大型活动	3	7720
32	医药	3	10976
33	房交会 汽车展	3	15000
34	茶业	3	18800
35	年货	3	24000
36	招聘会	3	35000
37	农产品	4	25000
38	纺织、面料	5	26000
39	家电	6	32000
40	孕婴童	6	78000
41	综合展览	7	178000
42	动漫游戏	8	74000
43	服装服饰	12	66000
44	建筑建材	19	76400
45	会议论坛	21	123880
46	汽车展	29	524300
47	家具家装	39	349610
合计：		208	2267162

(3) 无锡市2016年办展情况。从2016年无锡市会展办统计的84场展会来看，消费类展会占总数的64%，专业类展会占总数的19%，大型活动和招聘会数量相当，分别占总数的10%和7%（详见图5-20、表5-22）。

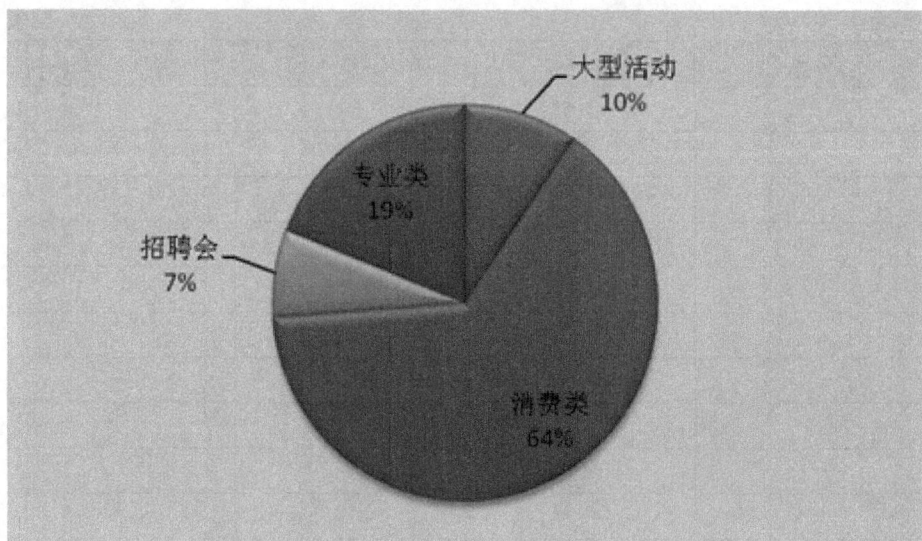

图5-20 2016年无锡市各类展会数量的占比

表5-22 2016年无锡市展会数量、类别及占比

序号	展会类别	展会数量（场）	占比
1	大型活动	8	10%
2	消费类	54	64%
3	招聘会	6	7%
4	专业类	16	19%
小计：		84	100%

　　2016年无锡市会展办统计到的展会总面积达到90.38万平方米。其中消费类展会占总数的59%，专业类展会占总数的30%，大型活动占总数的7%，招聘会占总数的4%（详见图5-21、表5-23）。

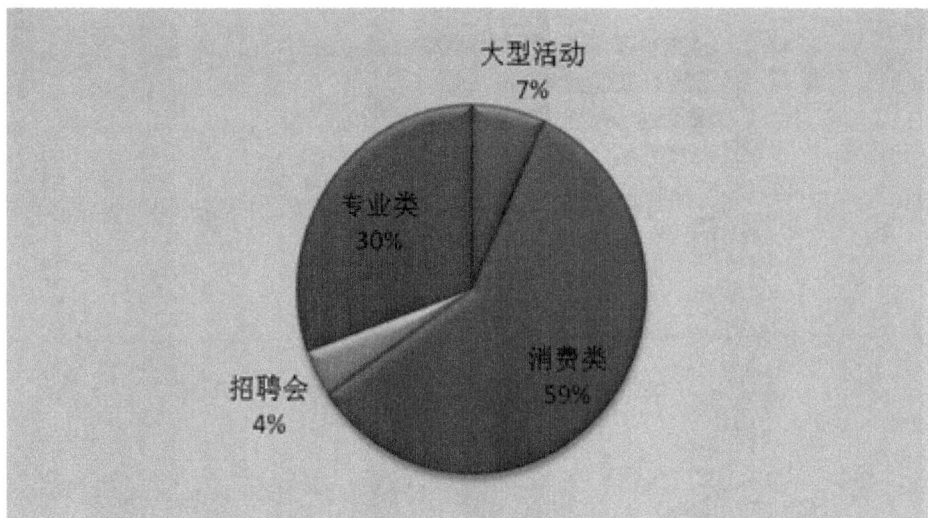

图5-21　2016年无锡市各类展会面积的占比

表5-23　2016年无锡市展会的面积、类别及面积

序号	展会类别	展会面积（平方米）	占比
3	大型活动	61600	7%
4	消费类	529000	59%
2	招聘会	37800	4%
5	专业类	275400	30%
小计：		903800	100%

　　从细分行业类别上可以看出，无锡市2016年举办的展会有25个类别，其中家具家装类展会的场次最多，总面积最大的却是汽车展，平均面积最大的是工艺品类展会（详见图5-22、表5-24）。

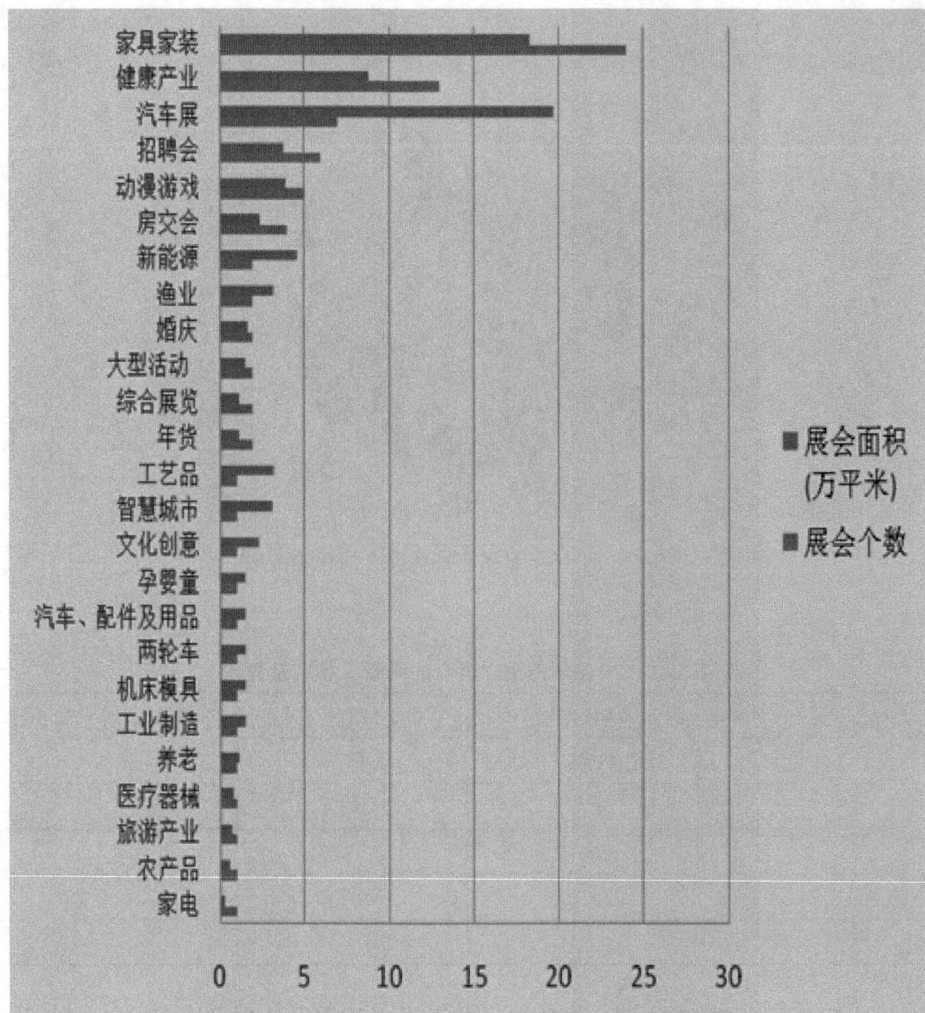

图5-22 2016年无锡市细分行业展会规模排行榜

表5-24 2016年无锡市举办的展会情况

序号	行业类别	展会数量（场）	展会面积（平方米）
1	家电	1	3000
2	农产品	1	6000
3	旅游产业	1	7000
4	医疗器械	1	7800

序号	行业类别	展会数量（场）	展会面积（平方米）
5	养老	1	12000
6	工业制造	1	15600
7	机床模具	1	15600
8	两轮车	1	15600
9	汽车、配件及用品	1	15600
10	孕婴童	1	15600
11	文化创意	1	23400
12	智慧城市	1	31200
13	工艺品	1	32000
14	年货	2	12000
15	综合展览	2	12000
16	大型活动	2	15600
17	婚庆	2	17000
18	渔业	2	32400
19	新能源	2	45600
20	房交会	4	24000
21	动漫游戏	5	39000
22	招聘会	6	37800
23	汽车展	7	197000
24	健康产业	13	88200
25	家具家装	24	182800
合计：		84	903800

5. 江苏省各细分行业TOP3展会

2016年所统计到的794个展会，按个类别进行细分并排序，从以下TOP3展会列表中，可以大致看出江苏省各细分行业的展览情况（见表5-25）。

表5-25　江苏省各细分行业的展览情况

分类	排序	所在城市	展览名称	展会面积(平方米)	全国同类排名
安全防护	1	连云港市	第二届新亚欧大陆桥安全走廊国际执法合作论坛（连云港）警用装备和安防设施展览会	16080	
	2	南京市	警用装备展	14000	
	3	南京市	2016第十五届南京社会公共安防产品展、建筑智能化展览会	5500	
茶业	1	南京市	2016中国（南京）国际茶产业博览会暨紫砂、陶瓷、茶具工艺品展	10080	
	2	徐州市	第二届国际茶文化博览会	10000	
	3	苏州市	2016中国（苏州）国际茶业博览会暨紫砂工艺展	6800	
宠物	1	南京市	2016中国（南京）宠物文化节	10000	
	2	苏州市	苏州宠物用品品牌展暨宠物秀	7000	
	3	南京市	宠物展	5118	
厨卫	1	南京市	第二十三届生活用纸国际科技展览及会议	78000	包装印刷3
	2	南京市	帅风总裁签售会	2500	
	3	苏州市	九牧卫浴团购会	1500	
畜牧业	1	南京市	2016李曼中国养猪大会暨2016世界养猪产业博览会	14500	
	2	南京市	2016首届江苏畜牧业博览会	14400	
大型活动	1	南京市	九牧年中盛惠，7.2江苏站启动宣导会	8400	
	2	徐州市	徐州会展水上世界游乐场	8000	
	3	无锡市	第三届江苏技能状元大赛总决赛	7800	
电机	1	苏州市	昆山电子电机暨设备博览会	30000	2
	2	常州市	2016常州电机技术博览会	5000	
电商	1	南京市	2016中国（南京）电子商务博览会	14800	
	2	苏州市	昆山市跨境电子商务综合服务平台暨台湾商品O2O展示馆启动仪式	720	
电子展	1	苏州市	2016中国苏州电子信息博览会	40000	
	2	苏州市	2016第十二届华东电路板暨表面贴装展览会	16800	集成电路3
动漫游戏	1	苏州市	中国（昆山）数字娱乐节	30000	
	2	连云港市	2016第二届动漫文化交流会	20000	
	3	南京市	欣乐文化节暨国际动漫游戏展	15200	

续表

分类	排序	所在城市	展览名称	展会面积 (平方米)	全国同 类排名
房交会	1	徐州市	广电集团春季房展	14000	
	1	徐州市	广电集团秋季房展	14000	
	1	徐州市	2016徐州秋季房博会暨第二届房屋 特卖会	14000	
纺织、面料	1	苏州市	丝绸苏州2016	10000	丝绸3
	2	苏州市	第四届盛泽（苏州）纺织品博览会	8000	
	3	徐州市	徐州首届夏季家纺展	5000	
佛事祭祀	1	南京市	2016第四届南京国际佛事文化用品 展览会	19440	
	2	苏州市	2016苏州国际佛事文化用品展览会暨 素食文化展	6000	
服装服饰	1	南京市	第十八届中国江苏国际服装家纺面料 博览会	24000	
	2	南京市	第八届江苏·南京外贸品牌商品展销 会暨进口商品展	18000	
	3	苏州市	阿仕顿·2016江南国际时装周暨常熟 服装服饰博览会	15000	
工业制造	1	常州市	第四届常州国际工业装备博览会	35532	
	2	苏州市	第十三届苏州国际工业博览会	35000	
	3	无锡市	2016无锡太湖国际工业装备博览会	15600	
工业自动化	1	南京市	2016国际（南京）智能制造大会	43000	
	2	苏州市	昆山花桥绿色制造与工业装备展	10000	
	3	南京市	中国（南京）国际服务机器人及智能 产业博览会	6000	
工艺品	1	南京市	第51届全国工艺品交易会	45000	2
	2	无锡市	2016第六届中国（无锡）国际文化 艺术产业博览交易会	32000	艺术类3
	3	苏州市	2016中国（苏州）"启迪·苏艺杯" 国际工艺美术精品博览会暨第九届中 国（苏州）"子冈杯"玉石雕作品展	20000	
广告设备	1	南京市	2016南京广告四新、LED发光体及城 市节能照明技术设备展览会	15000	
烘焙	1	南京市	2016中国高端休闲烘焙产业峰会	14300	
户外休闲	1	南京市	2016第十一届亚洲户外用品展览会	40000	3
	2	南京市	南京银行2016（首届）南京坐标城市 印迹定向赛	8000	
化工	1	南京市	2016中国磷复肥工业展览会	20000	
	2	徐州市	十三届华东地区肥料产品交易暨信息 交流会	14000	

续表

分类	排序	所在城市	展览名称	展会面积（平方米）	全国同类排名
化工	3	苏州市	2016中国国际芳香产业（昆山）展览会	8000	
环保水处理	1	南京市	江苏环保展	12000	
	2	南京市	2016全国化工行业（园区）污水综合治理报告会暨展览会	3000	
会议论坛	1	苏州市	中华医学会全国眼科学术大会	18000	
	1	苏州市	中华医学会第23次全国放射年会	18000	
	1	苏州市	2016亚洲幼教年会	18000	
婚庆	1	苏州市	第12届苏州婚庆文化产业博览会	11000	
	2	无锡市	无锡市首届喜庆文化博览会暨第七届广电婚博会	10000	
	3	南京市	春季西祠婚博会	9500	
机床模具	1	无锡市	2016第28届无锡太湖国际机床及模具制造设备展览会	15600	
	2	苏州市	昆山联讯国际机床模具五金机电展览会	10000	
	3	扬州市	2016扬州机床模具展览会	4000	
机械装备	1	苏州市	2016昆山国际机床及智能装备展览会/昆山国际塑胶及包装机械展览会	12000	
加盟	1	南京市	2016第十六届南京特许连锁加盟创业展览会、2016第九届投资理财金融（南京）博览会	4000	
	2	南京市	2016第十七届南京特许连锁加盟创业展览会	3000	
家电	1	苏州市	老板电器大团购	9000	
	1	苏州市	老板电器大团购	9000	
	3	南京市	南京家居、家电用品节	6000	
家具家装	1	苏州市	第八届苏州家具展览会	78000	
	2	南京市	第三届中国（南京）移门博览会	52000	
	3	南京市	红星美凯龙超级腕活动	33000	
建筑建材	1	南京市	第13届家装主材博览会	31000	
	2	南京市	第十七届中国国际水泥技术及装备展览会，第十届中国国际建筑保温技术及产品展览会，第十八届国际摩擦材料密封材料技术交流暨产品展示会	15000	
	2	南京市	JBF 江苏省第九届绿色建筑国际论坛暨江苏国际绿色建筑展览会	15000	

续表

分类	排序	所在城市	展览名称	展会面积 (平方米)	全国同 类排名
健康产业	1	扬州市	2016中国（扬州）健康养生暨绿色食品博览会	8100	
	2	无锡市	首届中国（无锡）健康产业大会暨展览会	6000	
	3	常州市	2016江苏（常州）首届国际运动康复大会	3000	
教育展	1	南京市	江苏省2016年普通高校招生咨询会系列活动	13000	
	2	南京市	2016南京教育装备展	10000	
	3	南京市	中考咨询会	8700	
金属材料	1	南京市	IMW 2016中国（南京）国际金属加工展览会	12800	
	2	苏州市	苏州国际金属板材加工技术展览会	4000	
进口商品	1	苏州市	中国（昆山）品牌产品进口交易会	80000	
科学仪器	1	南京市	2016中国（南京）国际科学仪器及实验室装备展览会/中国（南京）国际教育装备暨科教技术展览会	15900	3
矿业	1	苏州市	2016中国非金属矿产业学术技术研讨会暨2016中国非金属矿交易博览会	12000	
两轮车	1	南京市	第三十四届中国江苏国际自行车、新能源电动车及零部件交易会	100000	1
	2	南京市	2016亚洲自行车展览会	30000	
	3	苏州市	第三届亚洲自行车精品博览会	24000	
旅游产业	1	南京市	2016全国水利风景区博览会	20750	
	2	南京市	cmtc 南京国际度假旅游及房车展览会	9500	
	3	苏州市	2016苏州旅游交易博览会	7000	
	3	无锡市	2016中国（无锡）国际休闲度假旅游博览会暨中国旅游日江苏主会场主题活动	7000	
美容美发	1	南京市	2016第二十四届南京国际美容美发化妆品及健康养生博览会	5300	
	2	南京市	2016第二十三届南京国际美容美发化妆品及健康养生博览会	2250	
年货	1	苏州市	2016年货大街暨年文化节	10000	
	2	苏州市	2016年货大街暨昆山年俗文化节	8000	
	2	徐州市	阿里巴巴年货节暨江苏精品电商年货博览会	8000	
农产品	1	连云港市	第十八届（2016）江苏农业国际合作洽谈会	35000	
	2	连云港市	中国食用菌行业大会（中国·连云港）（国家级展会）	14000	

续表

分类	排序	所在城市	展览名称	展会面积 (平方米)	全国同 类排名
农产品	3	徐州市	全国粮油产销企业订货会	12000	
农机展	1	南京市	第32届中国植保信息交流暨农药械交易会	80000	1
皮革	1	南京市	南京首届皮草工厂展销会	3000	
	1	南京市	2016秋冬羊绒皮草名牌服饰（南京市）博览会	3000	
汽车、配件 及用品	1	南京市	2016第九届中国（南京）国际汽车博览会	54000	
	2	苏州市	中国国际商用汽车及零部件展览会	24000	
	3	无锡市	2016年春季（无锡）全国微型汽车配件展览会	15600	
汽车展	1	无锡市	2016年第九届中国（无锡）国际汽车博览会	80000	
	2	苏州市	中国（苏州）房车展	74000	
	3	南京市	2016第十五届南京国际汽车展览会	72000	
食品饮料	1	南京市	2016江苏省国际餐饮博览会	25650	
	2	南通市	啤酒美食节	15000	
	3	南京市	2016中国（江苏）国际糖酒食品交易会	13250	
塑料橡 胶工业	1	南京市	2016中国国际塑料新材料新技术新装备新产品展览会	13250	
图书	1	扬州市	第六届江苏书展	20000	
	2	南京市	第三届中国地图文化大会	6500	
	3	苏州市	"书香鹿城"2016昆山书展	3000	
文化创意	1	苏州市	第五届中国·苏州文化创意产业交易博览会	40000	
	2	南京市	2016第八届中国南京文化创意产业交易会	34000	
	3	无锡市	第十三届中国（无锡）国际设计博览会	23400	
物流	1	苏州市	中国国际物流科技博览会	20000	
	1	连云港市	2016中国（连云港）丝绸之路国际物流博览会	20000	
	3	南京市	logimat中国（南京）国际物流配送、搬运及物流信息化展览会	6000	
鞋业	1	南京市	Amazing南京第一届鞋展	1400	
新能源	1	徐州市	2016第九届中国（徐州）新能源汽车、电动三轮及零部件展览会	44000	3
	2	常州市	2016第十二届中国（常州）电动车三轮车及新能源汽车展览会	40988	
	3	无锡市	第八届中国（无锡）国际新能源大会暨展览会	30000	

续表

分类	排序	所在城市	展览名称	展会面积 (平方米)	全国同 类排名
信息科技	1	南京市	第十二届中国（南京）国际软件产品博览会	44000	
	2	南京市	第十八届中国高速公路信息化研讨会暨技术产品展示会	20800	
	3	苏州市	中国测绘地理信息技术装备展览会	18000	
休闲娱乐	1	南京市	扬子晚报30年报庆"扬粉嘉年华"	8400	
	2	苏州市	雀商世界麻将机订货会苏州站	3000	
养老	1	南京市	第五届（2016）老年产业博览会	15784	
	2	南京市	第十五届养生养老产业论坛暨展会	15000	
	3	无锡市	2016第二届中国（无锡）养老产业大会暨老年用品博览会	12000	
医疗器械	1	南京市	第二届全国临床检验装备与应用技术大会	60000	
	2	无锡市	2016中国(江苏)太湖国际医疗器械展览会暨太湖国际医药工业展览会	7800	
	3	南京市	江苏医疗器械、口腔器材、检验医学及康复设备博览会	2198	
医药	1	泰州市	第七届医药博览会	25000	
	2	苏州市	东西部小动物临床兽医师大会	10000	
	3	常州市	江苏医药物流首届冬季订货会	3000	
渔业	1	苏州市	苏州上花2016年夏季渔具展览会	68000	2
	1	苏州市	苏州上花2016年冬季渔具展览会	68000	2
	3	无锡市	2016年秋季中国（无锡）国际渔具博览会	16800	
孕婴童	1	苏州市	好孩子特卖会	30000	
	2	无锡市	第二届中国无锡孕婴童产业博览会	15600	
	3	南京市	2016江苏（南京）孕婴童品牌产品展览会	12000	
招聘会	1	南京市	招聘会	36000	
	1	南京市	江苏省暨南京市2016届普通高校毕业生公益供需洽谈会	36000	
	3	苏州市	苏州市2016年春季人才交流大会	26000	
照明	1	扬州市	第五届中国扬州户外照明及LED照明展览会	4000	
智慧城市	1	无锡市	首届世界物联网博览会	31200	
珠宝	1	南京市	2016第十四届南京国际礼品、工艺品、家居用品、红木古典家具及茶文化展览会暨第十二届南京国际珠宝首饰展览会	10000	

分类	排序	所在城市	展览名称	展会面积(平方米)	全国同类排名
珠宝	2	南京市	2016第十五届南京国际礼品、工艺品、家居用品、红木古典家具及茶文化展览会暨第十四届南京国际珠宝首饰展览会	8000	
	3	南京市	2016第13届南京国际珠宝首饰展览会	3060	
综合展览	1	苏州市	中国零售业博览会	86000	3
	2	苏州市	2016中国国际商标品牌节暨2016中华品牌博览会	40000	
	3	苏州市	第九届国际发明展览会	24000	

6. 江苏省会展业在全国的排名情况

(1) 办展数量和面积。在2016年我国举办的展览面积排名中，江苏省居第4位，办展面积占全国的7.38%，平均办展面积为1.05万平方米/展，办展数量占全国的9.36%。在全国各城市的办展数量和面积排行中，江苏省各市的排行情况见表5-26：

表5-26 江苏省办展数量和面积的全国排行表

排名	城市	办展数量（场）	办展面积（万平方米）	办展数量占比	办展面积占比	平均办展面积
5	南京市	394	431	3.98%	3.30%	1.09
28	苏州市	263	238	1.06%	1.04%	1.29
36	无锡市	84	90.38	0.85%	0.69%	1.08
42	昆山市	63	71.6	0.64%	0.55%	1.14
55	徐州市	39	41.4	0.39%	0.32%	1.06
60	常州市	25	33.75	0.25%	0.26%	1.35
72	盐城市	47	25.79	0.48%	0.20%	0.55
77	南通市	28	22.5	0.28%	0.17%	0.80
81	常熟市	42	20	0.42%	0.15%	0.48
84	连云港市	15	19.31	0.15%	0.15%	1.29
85	泰州市	16	18.86	0.16%	0.14%	1.18
86	扬州市	27	18.37	0.27%	0.14%	0.68
97	镇江市	15	14	0.15%	0.11%	0.93
156	宿迁市	2	0.8	0.02%	0.01%	0.40

在全国各城市的展览数量和面积的年平均增长率排行中，江苏省各市的排行情况见表5-27：

表5-27　江苏省办展数量和面积年均增长率的全国排行表

排名	城市	展览数量年平均增长率	展览面积年平均增长率
2	昆山市	111.25%	129.17%
18	南京市	25.03%	29.26%
20	连云港市	13.33%	22.91%
28	无锡市	12.38%	14.84%
35	常州市	4.04%	12.45%
46	徐州市	6%	7.6%
50	常熟市	34.19%	5.81%
55	苏州市	-1.18%	4.27%
57	盐城市	22.25%	3.18%
66	扬州市	2.5%	-4.69%
68	南通市	-1.64%	-5.25%

(2) 场馆情况。在全国各城市的已建专业场馆按室内可用面积排序中，江苏省各展馆的排行情况见表5-28：

表5-28　江苏省各专业展馆室内可用面积的全国排行表

排名	城市	场馆名称	展馆面积
8	南京市	南京国际博览中心	110000
28	苏州市	苏州国际博览中心	70000
30	无锡市	无锡太湖国际博览中心	65400
35	苏州市	昆山花桥国际展览中心	60000
50	苏州市	昆山国际会展中心	50000
60	南京市	南京国际展览中心	45000
85	连云港市	连云港工业展览中心	33200

在全国各专业场馆的使用率排行中，江苏省各展馆的排行情况见表

5-29：

表5-29　江苏省各展馆使用率的全国排行表

排名	场馆名称	办展面积(平方米)	中间计算	展馆面积(平方米)	展馆利用率
29	南京国际展览中心	1093100	5723630	45000	34.85%
38	昆山国际会展中心	913808	5428668	50000	29.75%
42	无锡太湖国际博览中心	1385900	7126000	70000	27.89%
55	苏州国际博览中心	4034800	5490800	70000	21.49%
59	南京国际博览中心	1567584	8390394	110000	20.90%
60	镇江体育会展中心	140000	760000	10000	20.82%
61	苏州广电会展中心	197500	1036000	14000	20.27%
65	扬州国际会展中心	209500	1088100	15000	19.87%
76	徐州国际会展中心	326000	1577000	30000	14.40%
83	江苏国际农业展览中心	64000	384000	8000	13.15%
94	盐城国际会展中心	151400	650700	17800	10.02%

7.江苏省举办出国展数据

表5-30　江苏省举办出国展情况表

项目	展会数量（个）	摊位总数（个）	总面积(平方米)	参展单位总数（家）	参展人员总数（人）
数量	381	7221	66435	5148	8099
同比增减（%）	+27.42%	+33.75%	+35.24%	+31.66%	+17.56%

注：根据省内7家主要出国组展公司报送数据统计。

8.江苏省会展机构情况

截止到2016年12月31日止，全省各市已经成立了省市级会展机构和组织共计9个（详见表5-31）。

表5-31　江苏省市级会展机构和组织情况

序号	所在城市	机构或组织名称	设立时间
1	南京	江苏省会议展览业协会	2003年12月
2	南京	南京市人民政府会展业办公室	2002年6月
3	南京	南京市会展行业协会	2010年11月
4	苏州	苏州市会展工作领导小组办公室	2012年3月
5	苏州	苏州市会展行业协会	2011年6月
6	无锡	无锡市会展业发展办公室	2011年5月
7	无锡	无锡市会议展览业协会	2016年12月
8	连云港	连云港市会展业协会	2008年8月
9	扬州	扬州市会展行业协会	2015年10月

9.江苏省会展专业教育建设情况

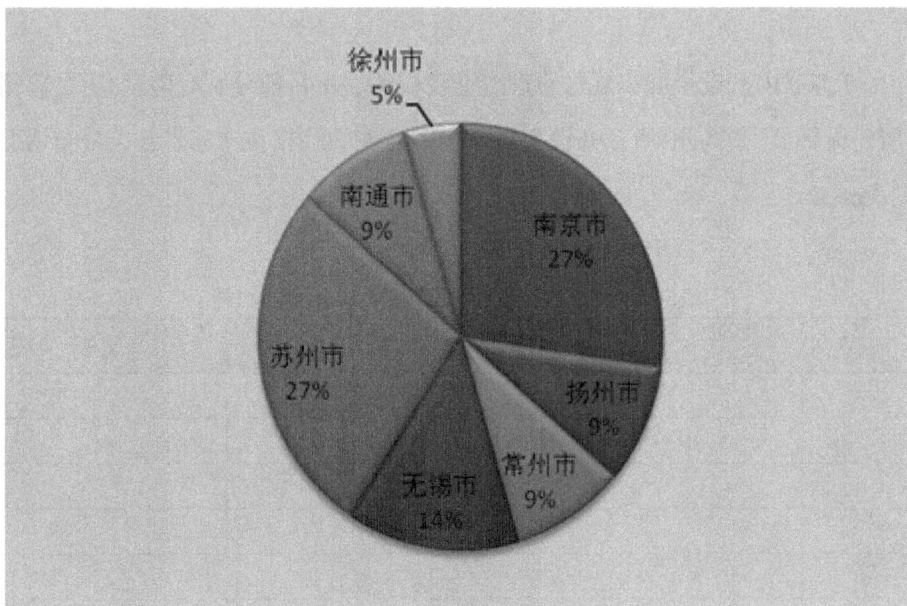

图5-23　2016年江苏省会展教育院校数量的占比

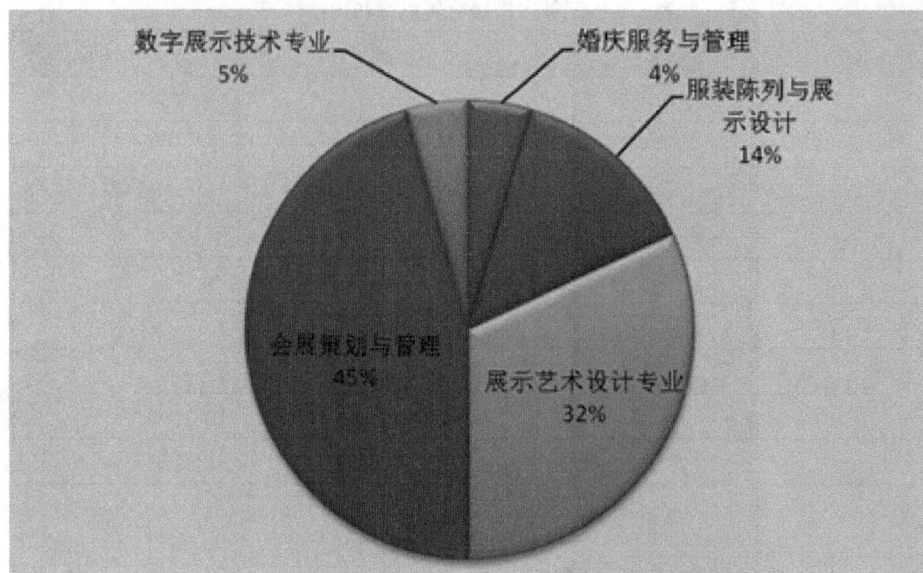

图5-24 2016年江苏省会展专业数量的占比

江苏省内开设会展策划与管理专业院校的城市目前分别有南京3所、苏州4所、无锡2所和扬州1所。开设会展及相关专业的院校在江苏省各市分布情况见表5-32：

表5-32 江苏省开设会展及相关专业的高校数量

序号	所在城市 专业名称	会展策划与 管理	婚庆服务与 管理	服装陈列与 展示设计	展示艺术 设计	数字展示 技术	小计
1	南京市	3	1		1	1	6
2	扬州市	1		1			2
3	常州市			1	1		2
4	无锡市	2		1			3
5	苏州市	4			2		6
6	南通市				2		2
7	徐州市				1		1
	合计	10	1	3	7	1	22

（二）2016年江苏省会展业状况分析

1. 江苏省会展业保持平稳较快增长

2016年，江苏省会展在经济发展新常态的大环境下取得了稳健发展，在境内外举办各类会议、论坛等经贸数量增加、活动频繁。2017年，江苏省会展发展主要体现在展会题材、表现形式、市场容量方面的突破，展会在创新、科技含量、专业程度等多方面有较大的提升。

2016年，江苏省先后成功举办了世界佛教论坛、第四次中国—中东欧国家领导人峰会、中国—中东欧国家卫生部长会议、国际能源变革论坛、第十届中国会展经济国际合作论坛、中外旅游会奖(无锡)峰会暨交易会等行业顶级会议，会展平台助推产业发展、促进开放合作的带动作用进一步增强。同时，江苏省的展会也有了质的提高，扩大了在国内外的知名度和影响力。2016中国（昆山）品牌产品进口交易会共有42个国家和地区877家企业参展，展商数量比上届增加28.8%，3天展期累计到会采购商3.73万人，47.1%的参展企业达成了进口、产品（品牌）代理和投资合作意向。第九届中国国际服务外包合作大会突出项目合作对接，192家江苏企业围绕近20个发包项目与外方进行洽谈，现场达成意向接包合作约3.3亿美元。第七届中国（泰州）国际医药博览会会聚16个国家和地区500多家知名医药企业、3000多项专利和创新成果，得到海内外4000多名客商积极响应，促成82个项目签约落户泰州中国医药城，总投资375亿元。第八届中国（无锡）国际新能源大会暨展览会邀集业界领军人士围绕智慧能源和新型城镇化、分布式光伏开发和应用等热点话题深入探讨交流，打造分布式光伏一站式采购平台，展览面积比上届扩大50%。第五届南京老年产业暨康复福祉博览会设养老服务、康复辅具等十大区域，国际展商数量创历届之最，展会贸易效果显著，社会反响强烈。

2016年，南京国际博览中心规模较大展会每月不断档，全年接展82场次，累计展出面积138万平方米，人流量超过百万人次。苏州市会展发展主要体现在展会题材、表现形式、市场容量方面的突破，展会在创新、科技含量、专业程度等多方面有较大的提升。无锡市会展办通过出台政策、扩大宣传、加强招展、优化服务等各项措施，大力推动会展业发展，会展业呈现出加快发展的良好态势，而无锡优良的会展综合环境也获得了会展业界的广泛赞誉，被业界誉为"会展新星"。

徐州市通过提升优质服务和大力招商，不但展会数量、展馆收入比2015年增加了，而且办会质量得到了进一步提高，全国性的、区域性的展会增多，立足于徐州市优势产业的展会得到发展。

2. 境外合作办展取得突破

围绕"一带一路"与互联互通开展会展活动，组织境外经贸合作区和投资项目推介，探求"一带一路"框架内的互利合作与共同发展。省贸促会组织全省1494家企业参加30个国家和地区的120个知名展会，涉及近20个行业。其中，参加"一带一路"沿线国家和地区展会45个，比上年增加24个，参展规模扩大80%。

充分发挥出国（境）展览对拓市场、稳外贸的积极作用，巩固做大传统出展项目，大力开拓新市场新项目。省贸促会14个规模项目组织的出展面积达到1.16万平方米，成功开发了印度可再生能源展、美国无线通信展、亚洲食品配料展等42个新项目，并与国内外机构合作举办了首届中国消费品（俄罗斯）品牌展览会、首届加拿大纺织服装采购展览会，江苏企业参展规模分别达到20%和30%，品牌和规模效应显著。

3. 会展场馆接纳容量在增强，场馆出租率在提升

截至2016年底，江苏省13个市用于开展会展活动的场馆29个，展出面积达132.751万平方米，其中室外面积达55.7036万平方米，附属会议室面积超过8.8604万平方米。会展的基础设施日渐完善，展会平台的作用日益显现，这些场馆的功能在不断地完善和扩大。

南京国际博览中心注重经营战略创新、调整组织架构、升级硬件设施、完善管理职能、提升展会服务，举办展会活动82场，展览面积近140万平方

米，展馆利用率达42.4%。领跑全省城市展馆，成为在华东地区仅次于上海的热门展馆。南京国际博览中心2016年发起倡议成立"中国线上展馆平台"，得到国内业界普遍认可。

2016年，是苏州文博中心首个全场馆、全业态运营年，这也为文博中心发展带来了新的发展机遇。文博中心积极探索业态集群化发展模式，整合拓展演艺、会展、商旅主营业务版块，大力推动文化艺术、会议展览、商务旅游融合发展，凸显核心业态竞争优势，以"两馆两团"为抓手，着力提升公共文化版块的服务供给能力，全年营业收入、责任利润、经营现金流等指标均超额完成，各项非经营性指标也均圆满完成，取得了良好的经济效益与社会效益。苏州金鸡湖国际会议中心3月份正式开业以来，各种大大小小的国内外专业会议接踵而来。

4. 产业会展特色突显，专业展占比明显上升

江苏省大力推进展会品牌化建设，加速品牌价值提升。各地积极立足于产业优势，挖掘特色产品，加快品牌培育，打造具有先进办展理念、管理经验和专业优势的龙头展览企业。会展深植于产业，又直接服务于产业发展，这种互为融合的特质赋予了江苏会展业以生命力。2016年，在南京召开的世界智能制造大会和在无锡举办的世界物联网博览会，规格高、影响大，成为撬动江苏经济转型的重要战略支点。

南京市借助自身的科教、产业特色，将会展产业向专业化、国际化、规模化方向又推进一大步。一场世界智能制造大会，吸引了来自近20个国家和地区、包括27位中外院士在内的近4000名嘉宾展开对话。2016中国新材料院士专家报告会上，500多位专家、产业界领袖在宁探讨新材料产业转型升级之路。2016年底，南京自主品牌展——亚洲自行车展通过了国际展览业协会（UFI）的认证。至此，南京已经自主培育出了两个UFI认证展会，另一个是亚洲户外展。

苏州各市的产业会展特色突显。江苏(盛泽)纺织品博览会已经连续举办三

届，在中国纺织工业联合会、中国纺织品进出口商会、江苏省纺织工业协会等相关单位的大力支持下，纺博会的影响力正逐渐从江苏辐射到全国，获得了中国纺织业界及全国各类媒体的广泛关注，并已成为纺织行业不可或缺的盛会。目前，苏州大市范围已经形成以苏州汽车、文创、家具、传统工艺为产业特色的展会板块；以昆山机械制造、自行车、进口机械为产业特色的展会板块，以常熟服装设计、服装制造为产业特色的展会板块。这些展会除了对城市经济具拉动作用外，更具对产业的促进和推动作用。2016年，在苏州举办的行业专业展会有29个，比2015年增长了52.63%。

无锡市将会展经济嫁接本土优势产业，彰显无锡新兴经济的新亮点。无锡根据自身优势举办展会，发挥产业基础雄厚的优势，着力培育了新能源、物联网、国际设计、装备制造、电动车等品牌专业展会。无锡依托于深厚的光伏产业"家底"，第八届中国（无锡）国际新能源大会暨展览会于11月3 - 5日在无锡太湖国际博览中心隆重举办。本届展会以"新能源：创新跨界 互联"为主题，高端论坛和专业展览相结合，集中展示光伏工程及系统、新能源汽车等新能源领域的新技术和新产品，吸引了近300家知名企业参展，展览面积近3万平方米，较上届扩大50%。整个活动共吸引了北京、天津、广东等12个省、市、自治区，以及来自美国、印度、泰国、墨西哥、非洲等30多个国家和地区的3万多人次观展参会。2016无锡世界物联网博览会吸引了23个国家和地区的7610位嘉宾，3天内现场观众逾11.5万人次，这场物联网产业的"华山论剑"，不仅是经济转型的重要战略支点，同样将无锡会展经济引向一个全新的高度。

盐城市依托环保产业集聚的优势而举办的2016年第五届中国盐城·国际环保产业博览会在盐城环保科技城举行。来自国内外9名院士，45名国际高端人才，7家世界500强企业、46家国际名企、108家环保企业，以及国际采购团、欧盟展团、科研院所和环保组织代表，约1200人参会，3万多名业界人士观展。期间举行了院士论坛、工业污染第三方治理、畜禽污染治理、碳交易、人才对接会等系列活动，签订合作项目14个，涵盖产业、研发、平台、国际合作等多个领域，协议总投资41.6亿元。本届环博会搭建专家与政府官员、企业家、创业者面对面交流的新平台，相伴而生的新技术、新模式、新业态如雨后春笋破土而出，为环保产业发展注入新动力。

5. 市场主体规模逐步扩大，竞争力不断增强

近年来，随着江苏省经济稳步增长，产业环境、基础设施不断完善，江苏省会议展览行业也迎来快速发展时期，市场化和专业化水平逐步提升。全省目前共有展览相关企业500家，其中展览场所42家，组展公司169家，展览工程公司273家，展览机构8家，设有展览专业的院校有8家。2016年以来各类办展主体迅速发展，逐步形成了政府或相关部门、国有会展企业、民营会展企业、中外合资会展企业等多方主体办展的格局。2016年，苏州市组协办会展企业新增9家，全市已有114家会展企业。

目前，江苏省苏南地区的会展市场呈现蓬勃发展的态势，南京、苏州、昆山等城市都在大力推进品牌展和专业展。而对于政府展，随着政府监管方式转变和放权，也已经逐步实行市场化运作模式。如苏州新源集团下属的节庆会展策划有限公司凭借市场化经营机制、特色化发展战略、本土化经营等优势，通过自主发展不断壮大并脱颖而出，每年主承办展览项目6个、大型活动3个，5000人以上会议2个，在行业内具备了一定的竞争实力，成为江苏省会展行业中民营企业的优秀代表。无锡会展业渐入佳境，步入市场活跃期，无锡会展行业的专业化"触角"也正不断延伸。2016年12月20日，无锡市会议展览业协会正式成立，无锡太湖国际博览中心有限公司、江苏三角洲国际会展有限公司等约60家会员单位今后将抱团发力。无锡大会展的趋势已初步形成了。

6. 会展企业积极参与绿色展览的推广活动

绿色会展是以可持续发展为原则，按照循环经济理念，坚持办展与保护环境并重，构建以展览主办方、展览场馆展览场馆、展览服务商为主体，

贯穿物流运输、设计搭建、展览展示、会议活动、观众组织等各环节的绿色会展生态体系。通过推动互联网、物联网等信息技术及新材料在会展项目、展览场馆等环节运营管理中的应用，实现会展科技创新、便捷管理，提升信息化、智能化、集约化水平，降低主办方运营管理成本、环境污染及能源消耗，已经成为江苏省会展企业的自觉行动和行动目标。灵通展览作为国内会展行来的领军企业，积极响应政府号召，在行业内积极参与标准制定，在国内已推出的行业标准有QB/T4936-2016《会展用拆装桌》、SB/T11161-2016《展览器材术语 型材展台》、SB/T11162-2016《展台分类及技术规范》、SB/T11090-2014《会展业节能降耗工作规范》四项行业标准的发布制定工作，《环保展位评定标准》也已经通过评审，即将正式发布。

目前，江苏省各地会展场馆都在积极参与和推行绿色展览的工作，南京、苏州的博览中心都参加了由商务部流促中心牵头成立的中国绿色展览联盟，在积极推行绿色展览方面做出了应有的贡献。

7. 省市政府出台会展改革发展意见，会展环境进一步优化

2016年，省政府出台了关于促进展览业改革发展的实施意见，为江苏的会展业发展指明了方向。主要领导非常重视会展业，并专门批示"要谋划重点活动平台，通过举办一些国际性专业性会展，带动资金、人才、技术的聚集，实现更多优质资源的聚合"。南京、苏州、无锡先后出台了关于加快推进会展经济的政策意见，进一步明确了会展业发展目标、发展思路、发展任务和保障措施，为江苏省会展经济的发展提供了有力政策支撑。

江苏省各级会展管理部门认真贯彻落实《国务院关于进一步促进展览业改革发展的若干意见》和《江苏省人民政府关于促进展览业改革发展的实施意见》精神，按照创新、协调、绿色、开放、共享五大观念，引导协助广大会员企业向专业化、国际化、品牌化、信息化、市场化方向发展，提升办展能力和水平；发挥会展在促进地区经济转型升级中的作用，服务于江苏省经济和社会发展全局。2016年11月，南京市溧水区政府、与华夏幸福基业股

份有限公司及法国智奥会展集团正式签署建设南京空港会展小镇签署合作协议，标志着南京空港会展小镇启动。2016年，苏州市继续在全国范围宣传苏州市会展发展环境、发展政策，推介苏州市重点会展企业和会展项目。在苏州市会展办牵头下，由苏州会展协会组织该市19家具有代表性和影响力的会展企业，以组团推介的形式，分别参加了在上海和北京举办的3次全国性大型会展推介活动。

2016年，全省共有5家省市级会展协会，3家市级会展办。省会议展览业协会自2015年换届以来，认真贯彻省政府关于促进展览业改革发展的实施意见要求，完善协会功能，发挥展览业协会的组织服务、协调、自律作用，成立了展馆、会议活动、会展理论、展览展示材料和展览工程5个专业委员会，并与高校和专业培训机构合作成立了协会人才培训中心，填补了江苏省会展业专门人才培训的空白。协会加强了会展理论和实践研究，向企业提供经济信息、市场预测、行业指导、业务咨询、资质评定、人才培训等服务，着力帮助会员提高办展水平，进一步规范展览市场秩序，发挥会展在促进地区经济转型升级中的作用。

（三）江苏省会展业目前存在的问题、发展趋势和政策建议

1. 存在的问题

(1) 会展发展不均衡，南北会展差异逐渐加大。江苏省会展的发展出现和经济发展相匹配的趋势，在苏南地区，由于制造产业和文创产业的产业基础发达，市场化程度高，第三产业的服务业条件优越，会展经济得以快速的发展，会展产业链也比较健全。而苏北的几个城市，会展虽然也有发展，但是还没有形成会展产业集群，产业链还不健全，特别是办展主体的实力还很弱，有的市至今还没有本土的组展公司。因此，当地可办的展会很少，特别是结合当地的产业特色的展会更是凤毛麟角。同时，苏北会展城市的市场化程度比较低，很多展会依赖于政府的支持和资助，还没有走向市场化的展会

和形成当地自有品牌的展会。尤其是淮安的会展中心，建成以后没有专业的公司运营，并在2014年将其征用为市政中心，使得整个淮安市没有一家专业的展览馆，2015年和2016年当地的所有展会都只能在体育馆和市民广场等地举办。

(2) 会展业态还不够成熟。江苏省会展业态这几年已经有了一些发展，但是在产业形态上还不健全。主要表现在：会展主体（主办、组展单位、承办企业）实力不强，对举办大型展会或特大型展会的能力和经验都显得力不从心。有实力的会展龙头组展企业数量太少，南京、苏州、无锡这些城市只有2～3家为数不多的有一定组展能力的专业会展企业。

(3) 会展专业人才缺乏。江苏省会展企业队伍最为突出的问题就是会展策划、运营、管理专业的人才缺乏，特别会展领军人才严重欠缺。由于会展是较为特殊的行业，很多企业员工是从其它行业转来做会展业务的，专业技能缺乏，多为在实际工作中摸爬滚打的自学模式。加上企业的专业培训跟不上，很多企业的会展专业人力资源严重缺乏。

(4) 会展教育发展滞后。随着会展产业在国民经济中的地位稳步上升，在会展业快速发展的大背景下，会展专业的教育却远远落后于行业的发展。会展教育是会展行业发展的重要一环，也是会展经济发展的基础。江苏省会展教育落后主要表现在：开设会展专业的高等院校数量少，大部分都是高职的大专班，本科专业的更少。会展专业的教材和教师的缺乏是影响开班的重要因素，只有苏州的几所高职院校，加强了和会展企业的联系，建立了校企合作机制，为培育会展专业人才提供了平台。

(5) 促进会展发展的政策不够落实。江苏省人民政府在2016年2月2日公布了《关于促进展览业改革发展的实施意见》，这是推动江苏省会展行业发展的指导性意见，为江苏省会展的发展指明前进的目标和具体措施。自《实施意见》发布之后，各地政府先后也提出了贯彻执行的原则意见，但是如何落实，如何规划本地区会展业发展还没有具体措施，会展企业也还没有感受到政策的红利。

2. 发展的趋势

第一，各级政府将进一步深入贯彻国务院和省政府关于促进展览业改革发展的意见，按照省委第十三次党代会提出的"依托特色优势产业，打造一批具有世界影响的展会品牌"的目标要求，加强对江苏省会展行业发展的顶层设计和宏观指导，充分认识打造特色展会品牌，对区域经济社会发展和产业转型升级的战略意义，省、市将在调查研究的基础上，编制省、市会展发展专项规划并纳入当地经济社会发展总体规划，研究制定符合江苏产业特色的展览项目指导目录，并相应出台鼓励会展业发展的意见，进一步推动会展业发展，江苏会展业的春天即将来临。

第二，江苏省会展行业将按照依托特定产业优势，积极谋划、研发、组织、打造一批具有影响力的品牌展会，将更加重视品牌会展在新形势下集聚了优质要素，发展高端产业，打造投资环境的重要意义。继续办好已经举办得比较成功的展会，加大力度，提升规模和档次，努力打造成国际化、专业化、品牌化，信息化水平高，具有影响力的展会，并群策群力谋划、策划、组办一批依托当地优势特色产业的展会。

第三，江苏省会展行业将加快展会的结构调整，创新引领转型升级，把关注点放在供给侧的制造业展会上，供给侧需求必将带来极大的会展机遇，以及关乎民生的服务业方面的展会。今后，江苏省会展业肩负一个非常重要的责任，要通过展览会把消费需求引回来，提高制造业工艺水平，提高消费品的品质、质量，推动供给侧结构性改革。

第四，会展市场整体将不断培养壮大，会展产业链不断拓展延伸。通过各级政府的积极扶持、鼓励政策及人才培养，一批会展企业将不断发展壮大，通过收购、兼并、控股、参股、联合等形式组建骨干龙头会展企业将开始形成。加强国内外知名展览企业沟通与合作，提升办展水平和能力。会展产业链将进一步延伸，展览设计、展览工程、会展服务、展具租赁、会展策划等会展服务进一步发展，带动交通、物流、金融、旅游、餐饮、住宿等产业融合发展。

3. 政策建议

(1) 强化政策引导，优化展览业布局。要认真贯彻落实国务院、省政府发布的关于进一步促进展览业改革发展的意见和省第十三次党代会提出的"依托特色优势产业，打造一批具有世界影响的展会品牌"的目标要求，进一步加强对江苏省会展行业的顶层设计和政策引导。按照江苏"十三五"国民经济结构调整和区域协调发展战略需要，科学规划行业区域布局，打造建设3～5个区域性重点展览城市及核心展馆，做大做强10～15个境内具有影响为的专业品牌展会，应尽快编制省、市会展业专项发展规划，研究发布符合江苏产业特色的展览项目引导目录，科学确立重点展会定位，鼓励产业特色鲜明，区域特点显著的重点展会发展，培育一批具有世界影响的展会品牌。

要坚持区域发展指导方针。苏南地区，如南京、苏州、无锡等地，在提升会展质量的同时，把会展的着力点放在国际化程度的提升上面，打造南京会展名城。苏北地区，则在加强对会展行业政府指导和政策资金扶持上下功夫，重视对会展业人才培养，培育引进专业性会展公司，提高现有会展场馆的使用率，积极打造和培育适合本土情况的国际展会和本土展会。

(2) 加强对会展主体的培育，提升会展产业竞争力。江苏会展业面临的短腿就是会展主体不强，会展人才紧缺，会展旗舰太少。要从培育会展主体入手，大力提倡引进紧缺的会展专业人才，引进重点会展企业，培育以本土会展企业为主体的龙头会展企业，培育会展领军人物，打造江苏会展旗舰。

(3) 设立会展发展专项资金，加大扶持力度。建议设立江苏省会展业发展专项资金，研究制定与专项资金配套的会展业发展各项政策措施。重点支持经过评估符合江苏省产业特色、对经济社会发展起促进作用的会展品牌项目，支持会展人才培养、标准制定、体系建立、规划制定、理论研究、会展宣传推广及取得国际会展标准认证等项目。落实财税政策，支持中小企业参加重点会展，落实小微企业增值税和营业税优惠。

（4）加强人才培养，推进大会展教育。积极推进以"政府、协会、高校"三方互动的会展人才培养机制，推进多专业复合交叉的"大会展教育"，各大院校依托具备的资源优势，结合当地的会展经济发展需求设置专业，将会展人才培养与社会需求接轨，为社会输送会展人才。"特色化"应成为各大高校进行会展教育所要追求的目标。江苏省院校在开展会展理论教育的同时，以项目带动实践，提升学员的专业实操技能，真正让学生在毕业之后进入企业能实现无缝对接。同时，进一步优化整合专业教学与项目运作，加强项目刚性与人才培养的有机融合，使江苏省会展教育快速地跟上会展经济的发展。同时，应从商务发展基金设立一笔专项资金，对江苏省现有的会展企业（包括组展公司、展览工程公司、会展场馆等）在职策划、研发、设计、管理等高级人员进一次全面再教育培训，提高其素质，以适应江苏省会展发展之需。江苏省各地政府有必要在会展政策扶持上增加对会展教育的投入，设立会展教育专项资金或奖励基金，对开展会展合作培养专业人才的校企给予资金上的帮助。同时，对开展会展经济发展的基础理论研究的院校和研究单位给予专题研究经费，以加强对在新经济时代下的会展研发工作。

（5）加快制定会展业评估体系，优化发展环境。为了更好推动江苏会展业健康发展，打造具有世界影响的品牌展会，应加快江苏会展业评估体系建设，建立江苏会展业专家库，加快制定会议中心运营服务、展览场馆运营服务、节能环保、安全运营等规范标准，进一步规范会展企业的经营行为。完善展览行业协会功能，充分发挥其组织服务、协调、自律作用，推动江苏会展业标准化建设，完善会展统计、信息监测分析、发布平台，向企业提供经济信息、市场预测、业务指导、法律咨询、人才培训等，提高行业自律水平。积极推进政府购买服务，支持各项展览业改革措施。

六、2016年山东省会展业发展情况

（山东省会展行业协会）

2016年是"十三五"开局之年，是山东省认真贯彻落实《国务院关于进一步促进展览业改革发展的若干意见》（国发〔2015〕15号）文件精神的一年。在各级政府的高度重视和有关部门的大力支持下，通过山东会展人的努力，山东会展业发展取得显著成绩。

（一）发展概况

1. 会展数量增幅加大

经过对会员单位典型性的调查统计，2016年山东省共举办展览会862个，展览面积1033.25万平方米，较2015年分别增长19%和4%。

（1）地区分布。从展览会举办数量和展览面积上看，青岛、济南最多，是山东的两个核心会展城市；此外，临沂、潍坊、东营、威海举办展览会较多。山东省各市展览会举办情况见表5-33：

表5-33 山东省各市展览会举办情况

各市	展览数量（场）	展览面积（万平方米）
济南市	156	179.83
青岛市	226	298
淄博市	26	43.2
枣庄市	2	1
东营市	69	42.8
烟台市	30	43
潍坊市	102	138
济宁市	3	4
泰安市	32	28.1

续表

各市	展览数量（场）	展览面积（万平方米）
威海市	58	65
日照市	10	5.6
莱芜市	25	23.82
临沂市	109	123.6
德州市	2	3
聊城市	2	2
滨州市	2	20.3
菏泽市	8	12
合计	862	1033.25

据不完全统计，青岛、济南、威海和泰安举办会议最多，青岛承接会议142个，威海承接会议104个，泰安承接会议53个。

（2）规模分布。通过对济南、青岛、泰安、淄博、莱芜等市的抽样调查，山东展览会规模分布上小展览会数量较多，相关情况见表5-34。

表5-34　山东省小展览会举办情况

展览规模（平方米）	展览会数量占比
10000以上	38%
8000~10000	14%
5000~8000	14%
5000以下	34%

规模较大的展览会多集中在青岛、济南、潍坊、临沂和东营，3万平方米以上展览会情况见表5-35。

表5-35　山东省大展览会举办情况

展览会名称	展览面积（平方米）
中国寿光国际蔬菜科技博览会	165000*
中国·厨都国际厨具博览会	150000
中国(临沂)国际商贸物流博览会	140000

续表

展览会名称	展览面积（平方米）
青岛国际车展（春季）	130000
青岛国际家具展	130000
青岛国际车展（秋季）	100000
青岛国际渔业博览会	90000
青岛国际机床展	80000
国际果蔬食品博览会	78600
山东文化产业博览交易会	76900
山东植保信息交流暨农药械交易会	76900
中国(淄博)国际陶瓷博览会	60000*
山东国际自行车电动车及零部件展览会	60000
齐鲁春季汽车展示交易会	60000
中国国际石材（北方）博览会	53000
国际教育信息化创新产品与应用成果展	50000
中国山东国际纺织博览会	50000
中国国际工业装备（青岛）博览会	50000
中国国际家具及木工机械（济南）博览会	50000
山东国际节能与新能源汽车展览会	50000
中国保密技术博览会	47800
中国奶业展览会	46000
中国（青岛）海洋科技博览会	45000
中国广饶国际轮胎汽配展	45000
全国肥料信息交流暨产品交易会	41000
中国国际橡胶及轮胎工业展览会	40000
第五届山东国际汽车工业展	40000
全国年货精品展销会暨第十三届济南电视年货会	40000
中国(山东)国际装备制造业博览会	40000
中国国际医疗器械博览会（春季）	40000
中国非遗博览会	40000
中日韩产业博览会	40000
鲁台经贸洽谈会	40000

续表

展览会名称	展览面积（平方米）
中国（潍坊）文化艺术展示交易会	40000
中国（临沂）汽车用品交易会	40000
中国临沂国际木业博览会	40000
中国（东营）国际石油石化装备与技术展览会	40000
中国（临沂）新能源汽车、电动车及零部件展览会	35000
山东省畜牧业博览会	30000
中国（山东）国际糖酒会食品交易会	30000
中国（临沂）太阳能·净水器春季交易会	30000

注：第十六届中国(淄博)国际陶瓷博览会共设置了中国陶瓷科技城、中国财富陶瓷城和中国(淄博)陶瓷产业总部基地三大展区，总面积超过80万平方米，本次统计只计入主展区的6万平方米。

寿光菜博会总展览面积45万平方米，本次统计只计入室内16.5万平方米。

2. 行业自律进一步加强

在政府、协会及场馆等各方面的协调、引导下，主要会展企业强化行业自律，专注于专业化发展，如金诺会展的机床展、海名会展的纺织展、丞华会展的医博会及海宸会展的石材展等，主要会展项目的重复办展现象得到明显改善。但是，重复办展现象仍然存在，会展项目的冲突转变为本地会展企业与外来会展企业间的竞争。

3. 政策环境进一步改善

山东省会展业发展工作联席会议办公室成立，省商务厅为牵头部门，管理职能明确，发布山东省会展业转型升级实施方案，举办全省会展服务能力提升培训班，部署落实商务部《展览业统计监测报表制度》，各项工作有序推进，将长期利好山东省会展业健康快速发展。

作为会展业供给侧改革中的重要组成部分，党政机关坚持"政府引导、企业主办、市场运作、行业自律"的原则，对举办展会活动的行为进一步规范。一是出台党政机关省内举办展会活动管理细则。贯彻落实中央和国家展会活动管理系列文件精神，结合本省实际，研究制定《党政机关省内举办展会活动管理细则》，明确办展原则、管理职责，规范申请、批准、领导邀请等程序，强化监督管理要求。二是发布省级以下党政机关举办展会活动清单。组织专家对各市、各部门申报保留项目进行集中评估，确定保留展会活动27项。活动清单实施动态管理，每3年调整发布1次。三是建立会展专家智库。从中国会展经济研究会、上海市会展行业协会、济南大学等省内外研究机构、高等院校、行业协会等聘请专家，组建专家智库，对展会活动项目进行科学评估管理，为展会清单动态调整提供专业支持。

各市政府高度重视会展业发展。如泰安市成立由市长任组长的会展业发展领导小组，将会展作为战略性新兴产业进行重点培育，陆续制定出台了《关于加快会展业发展的意见》《泰安市会展活动便利化服务流程》等文件，把会展业发展规划列为全市"十三五"规划33个专项规划之一，予以重点发展。6月8日，临沂市政府发布《关于进一步促进会展业改革发展的意见》（临政发〔2016〕12号）。6月12日，青岛市政府发布《关于进一步促进会展业发展的实施意见》（青政发〔2016〕18号）。

4. 场馆建设增长迅速

（1）新投入使用场馆及场馆改造。2016年6月30日，2016世界进口商品展暨采购大会（QDIF）在青岛华秀国际会展中心（市北区四流南路80号纺织谷）开幕，青岛华秀国际会展中心正式投入使用；该中心可设国际标准展位1200个，展览面积2.4万平方米。

2016年9月27日，第二届中国古村镇大会在滨州举行。为此，滨州国际会展中心进行了全面提升改造，施工涵盖屋面改造、消防系统拆除并重建、钢构防火涂料改造、室外广场改造等施工内容，安全、美观、舒适度大大提升。山东机械设备展览中心新增展厅展示面积7500平方米。10月25日，位于滨州博兴兴福镇的中国厨都国际会展中心启用，该中心展览面积15万平方米（见表5-36）。

表5-36　山东会展场馆一览表

名称	城市	展览面积（平方米）	标准展位个数
济南舜耕国际会展中心	济南	16900	1000
济南国际会展中心	济南	50700	3000
济南园博园国际会展中心	济南	15000	600
山东机械设备展览中心	济南	18500	925
山东省科技馆	济南	12000	600
青岛国际会展中心	青岛	55000	3000
青岛新南国际博览中心	青岛	120000	6000
青岛华秀国际会展中心	青岛	24000	1200
山东国际农产品展示交易中心	青岛	25000	1200
青岛银海海星国际会展中心	青岛	12000	400
青岛福泰广场展馆	青岛	4000	150
淄博国际会展中心	淄博	45000	1500
东营黄河国际会展中心	东营	18550	836
东营广饶国际博览中心	东营	45000	2400
垦利县文化大厦会展中心	东营	15000	750
烟台国际博览中心	烟台	59360	3800
莱州国际会展中心	烟台	26000	1000
枣庄国际会展中心	枣庄	5000	300
枣庄台儿庄古城会展中心	枣庄	14000	700
潍坊富华国际展览中心	潍坊	27070	1200
潍坊寿光国际会展中心	潍坊	28000	1300
潍坊金宝国际会展中心	潍坊	15000	700
潍坊市鲁台会展中心	潍坊	50000	2500
潍坊昌邑北方绿化苗木博览会绿博园	潍坊	20000	1000
潍坊市青州国际会展中心	潍坊	24000	1200
潍坊诸城会展中心	潍坊	20000	600
泰安泰山国际会展中心	泰安	25000	2000
肥城会展中心	泰安	18300	800
威海国际展览中心	威海	26600	1100

名称	城市	展览面积（平方米）	标准展位个数
威海文登国际会展中心	威海	30000	1500
荣成文博中心	威海	10000	500
日照市会展中心	日照	8000	300
莱芜会展中心	莱芜	14400	1000
临沂商城国际会展中心	临沂	34911	1600
临沂国际会展中心	临沂	60000	3500
郯城银杏会展中心	临沂	6000	300
滨州国际会展中心	滨州	13000	1000
中国厨都国际会展中心	滨州	150000	7500
德州市会展中心	德州	6000	300
德州太阳谷国际会展中心	德州	11000	600
聊城国际会展中心	聊城	7500	360
聊城莘县会展中心	聊城	8000	400
菏泽中国林展馆	菏泽	30000	1000
合计		1223791	61621

(2)在建场馆。中铁青岛世界博览城室内展馆面积20万平方米，初步规划室内展览面积13万余平方米，可提供6300个国际标准展位；青岛红岛国际会展中心展览面积约15万平方米；济南西部国际会展中心展览面积14万平方米，三个展馆均计划2018年投入使用,届时展览面积将增加49万平方米。据悉，菏泽、临沂、德州和泰安也在筹建新的会展中心。

5. 会展组织者服务水平提升明显

经过多年的发展，主要会展组织者的经营管理方式发生了很大变化。一是对于会展项目的定位精准、专注，减少了重复办展和同行间的直接冲突；二是"重招展、轻服务"现象明显减少，而是一切以参展商的需求为出发点，更加重视专业观众、采购商的组织、邀请和接待，免费接送专业观众已很常见；有的展会与主要参展商结成联盟，成立行业协会，让重点参展商参与展会收益分成，多方位为参展商服务；三是重视信息化工作，在展览会官方网站、线上线下互动的基础上，运用微信、微博和客户端（"两微一端"）等互联网手段做好营销和服务。

继青岛金诺国际会展有限公司、青岛海名国际会展有限公司和广饶市政府成为国际展览业协会UFI会员单位后，潍坊鲁台国际会展中心也通过UFI认证，成为目前我省唯一的获得UFI认证的会展场馆。青岛市贸促会加入国际大会及会议协会（ICCA）、国际展览与项目协会（IAEE）；青岛举办的会议中，通过国际大会及会议协会认可的项目达到6个。

（二）前景展望

1. 山东省会展业将继续保持稳定增长

在各级政府的高度重视和大力支持下，作为现代服务业的重要组成部分的会展业在山东省的经济结构转型升级中将继续发挥重要作用，将继续保持稳定增长趋势。

2. 会展标准化建设将加强

会展标准化建设是统计、评价工作的前提，是引领会展业规范化、品牌化及国际化发展的基础，是我省会展业可持续健康发展的重要保障。

3. 会展组织者竞争压力增大

会展组织者竞争压力主要来自如下方面：一是省外会展组织者，较大规模会展场馆即将投入使用，大型国家级巡回展将落户山东，优秀的省外会展组织者已提前进入山东市场，加剧市场竞争；二是政策环境的变化，随着政府对于会展业管理能力的提升，政府财政扶持资金的使用会更加规范、公开、公平，市场竞争会更加激烈；三是商贸环境的变化，随着中国经济步入"新常态"和"互联网+"的影响，商贸模式发生变化，参展商的开支预算也更加理性，会展组织者唯有做好自身的转型升级、主动迎接挑战，才能求得长远发展。

4. 会展场馆的经营状况将进一步分化

山东会展场馆存在数量多、规模小、布局分散的特点，除济南国际会展中心、济南舜耕国际会展中心和青岛国际会展中心的利用率较高外，多数场馆均存在空置率高的问题，甚至有的展馆一年只举办一次产业会展。

5. 产业会展将进一步发展

基于某一产业所举办的会展活动，称之为产业会展，产业会展对该产业的宣传展示、贸易投资和创新促进作用优势独特，同时山东产业门类齐全，具有长远发展优势。大力发展产业会展是山东突破北京、上海光环下阴影影响的重要一环。

2017年山东省人民政府工作报告中阐述2017年经济发展主要任务时，再次强调要"重视国际化和全国性会展"，进一步明确了将会展经济纳入2017年重点工作，为山东发展会展业指明了方向，提供了动力。英国励展博览集团的"国际海洋技术与工程设备展览会（OI展）"、中国会展经济国际合作论坛(CEFCO 2018)将在山东举办。展望未来，我们对山东会展业的发展充满信心。

附　　录

2016年世界商展100大排行榜

排名	名称	简称	面积(平方米)	国家城市	下届展览日期
1	慕尼黑国际工程机械、建筑机械、矿山机械、工程车辆及设备博览会	bauma	575000	德国慕尼黑	2019.4.8—14
2	汉诺威工业博览会	HANNOVER MESSE	398400	德国汉诺威	2017.4.24—28
3	汉诺威国际农业机械展览会	AGRITECHNICA	393600	德国汉诺威	2017.11.12—18
4	巴黎国际工程机械展	INTERMAT	375000	法国巴黎	2018.4.23—28
5	拉斯维加斯工程机械展	CONEXPO-CON/AGG	350000	美国拉斯维加斯	2017.3.7—11
6	上海国际汽车工业展览会	Auto Shanghai	350000	中国上海	2017.4.20—27
7	法兰克福春季国际消费品博览会	Ambiente	328400	德国法兰克福	2017.2.10—14
8	意大利米兰供暖、空调、制冷、再生能源及太阳能展 制冷、再生能源及太阳能展	MCE	325000	意大利米兰	2018.3.15—18
9	巴黎国际建材及设备展	BATIMAT	300000	法国巴黎	2017.11.6—10
10	中国国际工程机械、建材机械、工程车辆及设备博览会	Bauma China	300000	中国上海	2016.11.22—25
11	法兰克福国际汽车零配件及售后服务展	Automechanika	296400	德国法兰克福	2016.9.13—17
12	上海国际汽车零配件、维修检测诊断设备及服务用品展览会	Automechanika Shanghai	280000	中国上海	2016.11.30—12.3
13	科隆国际家具展	Imm cologne	271200	德国科隆	2017.1.16—22
14	杜塞尔多夫国际塑料及橡胶展览会	K	263000	德国杜塞尔多夫	2016.10.19—26
15	法兰克福国际卫生取暖空调博览会	ISH	260000	德国法兰克福	2017.3.14—18
16	科隆世界食品博览会	Anuga	254600	德国科隆	2017.10.7—11
17	杜塞尔多夫国际包装机械、包装及糖果机械展览会	interpack	254600	德国杜塞尔多夫	2017.5.4—10

续表

排名	名称	简称	面积 (平方米)	国家城市	下届展览日期
18	世界医疗论坛国际展览会及会议	MEDICA	250000	德国杜塞尔多夫	2016.11.14—17
19	汉诺威商用车博览会	IAA	250000	德国汉诺威	2016.9.22—29
20	杜塞尔多夫德鲁巴展览会	drupa	241800	德国杜塞尔多夫	2020.6.23—7.3
21	欧洲畜牧业展览会	EuroTier	241100	德国汉诺威	2016.11.15—18
22	法兰克福国际灯光照明及建筑技术与设备展览会	Light+Building	240700	德国法兰克福	2018.3.18—23
23	中国国际塑料橡胶工业展览会	CHINAPLAS	240000	中国广州	2017.5.16—19
24	汉诺威消费电子、信息及通信博览会	CeBIT	237500	德国汉诺威	2017.3.20—24
25	米兰国际家具展览会	International Furniture Exhibition	233000	意大利米兰	2017.4.4—9
26	慕尼黑国际环保，能源和资源综合利用博览会	IFAT	233000	德国慕尼黑	2018.5.14—18
27	米兰国际酒店餐饮展	HOST MILANO	231600	意大利米兰	2017.10.20—24
28	法兰克福国际汽车博览会	IAA Cars	230000	德国法兰克福	2017.9.14—24
29	北京国际汽车展览会	Auto China	230000	中国北京	2018.4
30	中国国际纺织面料及辅料博览会	Inter textile Shanghai Apparel Fabrics	228000	中国上海	2016.10.11—13
31	中国(广州)国际汽车展览会	Auto Guangzhou	220000	中国广州	2016.11.19—27
32	德国法兰克福国际家用及商用纺织品展	Heimtextil	215800	德国法兰克福	2017.1.10—13
33	博洛尼亚国际农机及园艺机械展览会	EIMA INTERNATIONAL	215000	意大利博罗尼亚	2016.11.9—13
34	巴黎国际食品展览会	SIAL	215000	法国巴黎	2016.10.16—20
35	杜塞尔多夫国际船艇展览会	boot-Düsseldorf	213400	德国杜塞尔多夫	2017.1.21—29
36	科隆国际体育用品、露营设备及园林生活博览会	Spoga + gafa	211300	德国科隆	2016.9.4—6
37	维罗纳国际石材展览会	MARMOMACC	208400	意大利维罗纳	2016.9.28—10.1
38	美国消费类电子展	CES	204000	美国拉斯维加斯	2017.1.5~8
39	杜塞尔多夫国际零售业展览会	EuroShop	200300	德国杜塞尔多夫	2017.3.5—9
40	巴黎博览会	FoireDe Paris	200000	法国巴黎	2017.4.27—5.8

排名	名称	简称	面积(平方米)	国家城市	下届展览日期
41	巴黎休闲车展览会	Salondes Véhiculesde Loisirs	200000	法国巴黎	2016.9.24—10.2
42	巴黎国际农牧业设备及技术展	SIMA	200000	法国巴黎	2017.2.26—3.2
43	拉斯维加斯服装展	MAGIC	200000	美国拉斯维加斯	2016.8.15—17
44	上海国际酒店用品博览会	Hotelex Shanghai	200000	中国上海	2017.3.28—31
45	中国国际时装展	CHIC	200000	中国上海	2016.10.11—13
46	欧洲机床展览会	EMO	197500	意大利米兰	2017.9.18~23（汉诺威）
47	汉诺威国际林业木工展览会	LIGNA HANNOVER	195600	德国汉诺威	2017.5.22—26
48	意大利米兰国际两轮车展览会	EICMA MOTO	195000	意大利米兰	2016.11.8—13
49	科隆游戏展	gamescom	193000	德国科隆	2016.8.17—21
50	科隆国际摩托车和滑板车展览会	INTERMOTK.ln	188000	德国科隆	2016.10.5—9
51	慕尼黑国际建材、建筑系统及建筑更新贸易博览会	BAU	180800	德国慕尼黑	2017.1.16—2.11
52	博洛尼亚国际美容展	COSMOPROF	180000	意大利博罗尼亚	2017.3.17—20
53	莫斯科国际航空展	MAKS MOSCOWAEROSALON	180000	俄罗斯莫斯科	2017.8
54	汉诺威国际消防装备展览会	INTERSCHUTZ-DERROTEHAHN	178200	德国汉诺威	2020.6.15—20
55	慕尼黑冬季国际体育用品及运动时装贸易博览会	ispo	177600	德国慕尼黑	2017.2.5—8
56	汉诺威地毯及地面铺装材料展览会	DOMOTEX HANNOVER	174700	德国汉诺威	2017.1.14—17
57	柏林国际轨道交通技术展览会	InnoTrans	174400	德国柏林	2016.9.20—23
58	中国国际家用纺织品及辅料博览会	Intertextile Shanghai Home Textiles	170500	中国上海	2016.8.24—27
59	法兰克福国际图书展览会	Frankfurt Book Fair	170000	德国法兰克福	2016.10.19—23
60	纽伦堡国际玩具展览会	Spielwarenmesse	170000	德国纽伦堡	2017.2.1—6
61	巴黎家居装饰博览会	maison&objet	170000	法国巴黎	2016.9.2—6
62	厦门国际石材展览会	Stone	166000	中国厦门	2017.3.6—9

排名	名称	简称	面积(平方米)	国家城市	下届展览日期
63	科隆国际家具生产、木工及室内装饰展	interzum	163000	德国科隆	2017.5.16—19
65	里米尼健康方式展	RiminiWellness	162000	意大利里米尼	2017.6
66	柏林国际旅游展	ITB Berlin	160000	德国柏林	2017.3.8—12
67	科隆国际牙科展	IDS	158200	德国科隆	2017.3.21—25
68	博洛尼亚国际建筑卫浴陶瓷展览会	CERSAIE	156000	意大利博罗尼亚	2016.9.26—30
69	芝加哥国际制造技术展览会	IMTS	155000	美国芝加哥	2016.9.12—17
70	德纽伦堡国际门窗及技术展览会	fensterbau/frontale+HOLZ-HANDWERK	150600	德国纽伦堡	2018.3.21—24
71	中国(北京)国际工程机械、建材机械及矿山机械展览与技术交流会	BICES	150000	中国北京	2017.9.20—23
72	科隆世界影像博览会	photokina	150000	德国科隆	2016.9.20—25
73	柏林-勃兰登堡国际航空航天展览会	ILA	150000	德国柏林	2018.6
74	SNEC国际太阳能产业及光伏工程(上海)展览会暨论坛	SNEC PV Power Expo	150000	中国上海	2017.4.19—21
75	中国国际纺织机械展览会暨ITMA亚洲展览会	ITMA Asia+CITME	150000	中国上海	2016.10.21—25
76	柏林国际消费类电子产品展览会	IFA	150000	德国柏林	2016.9.2—7
77	中国美容博览会	CHINA BEAUTY EXPO	150000	中国上海	2017.5.23—25
78	杜塞尔多夫国际房车展	CARAVAN SALOND ü SSELDORF	147700	德国杜塞尔多夫	2016.8.27—9.4
79	意大利博洛尼亚国际汽车保养、轮胎及维修展览会	AUTOPROMOTEC	146000	意大利博罗尼亚	2017.5.24—28
80	科隆国际五金工具博览会	INTERNATIONALE EISENWARENMESSEK.LN	144200	德国科隆	2018.3.4—6
81	汉诺威国际金属板材加工技术展览会	EuroBLECH	144000	德国汉诺威	2016.10.25—29
82	巴塞尔世界	BASELWORLD	141000	瑞士巴塞尔	2017.3.23—30
83	瑞士建筑博览会	SWISSBAU	140000	瑞士巴塞尔	2018.1.16—20
84	中国国际地面材料及铺装技术展览会	DOMOTEX asia/CHINAFLOOR	140000	中国上海	2016.3.22—24
85	广州国际木工机械、家具配料展览会	CIFM/interzum guangzhou	140000	中国广州	2017.3.28—31

续表

排名	名称	简称	面积(平方米)	国家城市	下届展览日期
86	香港珠宝首饰展览会	JGF	135000	中国香港	2016.9.13—19
87	法兰克福阿赫玛展览会	ACHEMA	134000	德国法兰克福	2018.6.11—15
88	慕尼黑国际电子元器件和组件博览会	electronica	133000	德国慕尼黑	2016.11.8—11
89	慕尼黑国际饮料及液体食品技术博览会	drinktec	132500	德国慕尼黑	2017.9.11—15
90	国际焙烤展	iba	132000	德国慕尼黑	2018.9.15—20
91	中国国际五金博览会	CIHF	130000	中国广州	2016.11.5—7（宁波）
92	科隆国际食品技术展览会	Anuga FoodTec	129700	德国科隆	2018.3.20—23
93	德国科隆国际健身健美及康体设施博览会	FIBO	129000	德国科隆	2017.4.6—9
94	德国杜塞尔多夫国际葡萄酒烈酒贸易博览会	ProWein	128500	德国杜塞尔多夫	2017.3.19—21
95	范堡罗航空航天展览会	FIA Farnborough International Airshow	127000	英国范堡罗	2016.7.11—15
96	中国国际机床展览会	CIMT	126000	中国北京	2017.4.17—22
97	巴黎国际游艇水上运动器材展	NAUTIC	125000	法国巴黎	2016.12.3—11
98	柏林国际绿色周	International Green Week	124800	德国柏林	2017.1.20—29
99	杜塞尔多夫安全+工作健康、个人保护设备及工业安全	A+A	123000	德国杜塞尔多夫	2017.10.17—20
100	纽伦堡电气自动化展览会	SPS/IPC/DRIVES	122800	德国纽伦堡	2016.11.22—24

2016年各省市发布的会展业政策

云南省会展产业"十三五"发展规划纲要

云南省人民政府办公厅

　　会展产业具有促进交易、整合营销、联系供需、文化交流和推动区域经济一体化等重要功能。大力发展会展产业是云南省主动服务和融入国家"一带一路"、长江经济带等发展战略，建设面向南亚东南亚辐射中心，推动产业转型升级，构建开放型经济体系的重要抓手。为认真贯彻落实《国务院关于进一步促进展览业改革发展的若干意见》(国发〔2015〕15号)、《中共云南省委云南省人民政府关于着力推进重点产业发展的若干意见》(云发〔2016〕11号)和《云南省人民政府关于进一步促进展览业改革发展的实施意见》(云政发〔2016〕20号)精神，进一步推动"十三五"期间全省会展产业改革发展，结合云南省实际，编制本规划纲要，规划期为2016—2020年。

一、会展产业发展情况

　　"十二五"期间，云南省积极面向南亚东南亚扩大开放，积极参与长江经济带、孟中印缅经济走廊和中国—中南半岛经济走廊建设，着力发展开放型经济，会展产业发展取得良好成效。主要呈现以下特征：

　　一是会展规模持续扩大。全省共举办各类展览约260个，展览面积从2011年的7796万平方米增加到2015年的9665万方米，增长24%，总展览面积达415万平方米。会展规模逐年增长，地方民族特色节庆会展活动丰富多样，经济社会效益不断突显。

　　二是会展结构不断优化。全省举办的会展活动涉及工业、农业、经贸、文化、艺术、体育、旅游等多个领域，逐步形成了以中国—南亚博览会暨中国昆明进出口商品交易会(以下简称南博会暨昆交会)和南亚东南亚国家商品展暨投资贸易洽谈会(以下简称商洽会)为引领，中国国际旅游交易会（以下简称旅交会）、中国国际农产品交易会暨昆明泛亚国际农业博览会（以下简称农博会）、中国云南普洱茶国际博览交易会(以下简称茶博会)、创意云南文化产业博览会（以下简称文博会）、中国昆明泛亚石博览会暨国际珠宝文化节（以下简称石博会）等国际性重点展会为支撑，各类地方民族特色节庆会展活动及边境经济贸易交易会(以下简称边交会)共同发展的会展产业格局。

三是会展企业和设施进一步发展。至"十二五"末，全省注册的会展企业累计近500户，其中主营会展业务的企业约200户，90%以上为民营企业。目前，全省各州、市已建成投入使用展览场馆30余个，室内展览面积近40万平方米。具备举办大中型会议条件的会堂、酒店500余家，会展场馆周边交通、物流、餐饮、娱乐、休闲、信息网络等设施进一步完善。

四是会展产业对开放型经济发展的促进作用不断增强。成功举办南博会暨昆交会及各专业展览、边交会等，有力地推动了云南省与南亚东南亚各国形成资源、产业、市场、投资的有效衔接，特别是南博会暨昆交会的外经贸成交和签约额逐届提高，有力地推动了全省经济社会发展，促进了周边国家经贸人员往来。"十二五"期间，云南省会展产业虽然发展较快，但仍然存在不少困难和问题：

一是展会总体数量较少、规模较小。全省年均办展52个，年均展览面积8316万平方米，会展产业规模总体处于国内中下游。在展会的国际化、专业化和市场化等方面存在较大差距。

二是展会科技含量较低、同质化问题突出。全省绿色低碳、新兴产业、高新科技、电子信息等领域的高品质会展稀缺，科技成果引进和交流推广功能难以发挥；"互联网＋会展"探索刚刚起步，对网络和信息技术的应用程度较低，大部分展会尚未建立官方网站，会展服务品质提高和信息化发展步伐较慢。

三是会展场馆年均利用率较低。昆明国际会展中心为32%，其他州、市仅为25%左右，远远低于国内重点会展城市50%以上的场馆利用率。"有场馆无展会"的问题较为普遍。

四是会展企业实力较弱。云南省会展市场主体"小、散、弱"问题突出，缺乏龙头企业。专业组织承办展会的企业较少，会展产业配套行业多为小微企业，普遍经济实力差、市场竞争力弱、行业整合度低、低价竞争现象突出。

五是会展专业人才匮乏。云南省会展专业人才总量较少，专业化的会展策划、组织、营销、执行人才队伍规模较小，尚未形成完整的人才培养体系和模式。会展人才职业化程度较低，特别是高端会展策划人才匮乏，严重制约了产业转型升级。

二、总体要求

（一）基本思路

深入贯彻落实习近平总书记系列重要讲话和考察云南重要讲话精神，坚持创新、协调、绿色、开放、共享发展理念，按照省第十次党代会决策部署，继续深化会展管理体制改革，以优化会展产业功能布局、促进错位发展为主线，以专业化、标准化、品牌化、信息化、市场化、国际化为导向，优化管理体制、更新发展理念、升级发展模式、改善发展环境，充分发挥区位、交通、气候、市场、文化和展览设施优势，按照"一核(昆明市)引领，全省联动"的产业布局，着力整合品牌资源、延伸产业链条、构建支撑体系，大力倡导低碳、环保、绿色、节约的办展办会理念，强化政策引导、鼓励社会参与、培育龙头企业，鼓励具备市场化办展条件的展会积极开展市场化运作，通过加大政策、资金等支持力度，引导社会资本参与主办各类展会，加强国际合作交流，学习借鉴国内外先进经验，提升云南省会展产业国际竞争力。

（二）总体目标

到2020年，努力把云南省建设成为在国内有较大影响力、在国际上有较高认知度的重要会展举办地，会展产业成为云南省新兴特色优势产业，会展经济成为云南省经济转型发展的新引擎，着力发展成为中国会展经济强省。同时，将昆明建设成为面向南亚东南亚的区域性国际会展中心城市和会展及配套产业集聚区；会展产业对全省服务业增加值的贡献度显著提高；发展环境不断优化，特色鲜明、结构合理、务实高效、拉动力强的会展产业链基本形成；会展产业统计调查制、统计指标体系和监测分析机制基本完善，并纳入国民经济统计体系；各类市场主体根据需求自主举办展会数量显著增加；会展企业综合实力、竞争力明显提升，境外办展稳中有升，实现"人无我有、人有我优、人优我强"发展目标；会展产业专业化、标准化、品牌化、信息化、市场化、国际化程度在国内处于较高水平。

三、做大做强重点展会

依托生物医药和大健康、旅游文化、信息、现代物流、高原特色现代农业、新材料、先进装备制造、食品与消费品制造等重点产业，以及传统优势产业和战略性新兴产业，构建展会助推产业经济发展的支持服务体系，培育和支持高端核心展会、重点专业展会、边交会、地方民族特色展会。

（一）高端核心展会

重点打造南博会暨昆交会和商洽会两大核心品牌展会，引领云南省会展产业快速发展，持续放大会展经济和对外交流功能，扩大云南省国际影响力，推动区域政治、经济和文化深入交流与合作。

（二）重点专业展会

继续提升和打造旅交会、农博会、茶博会、石博会、文博会及汽车(新能源汽车)博览会等专业展会，同时重点引进和培育国际领先、国内一流的与云南省特色产业相关的专业性展会。

（三）边交会

充分发挥云南省沿边区位优势和资源优势，提升中越(河口/老街)边境经济贸易交易会、中缅(姐告/木姐)边境经济贸易交易会、西双版纳边境贸易旅游交易会、中老越三国(普洱)边境经济贸易交易会、中越(文山)国际商贸旅游交易会、保山腾冲边境贸易交易会、临沧边境经济贸易交易会等七大边交会的办展质量和水平，把边交会打造成为我国西南地区对外开放的重要窗口。

（四）地方民族特色展会

结合各地产业特色和资源优势，推动地方会展产业与节庆、旅游、文化、娱乐等良性互动、共同发展，形成"文化搭台、经贸唱戏，节中有会、节中有展，相辅相成、共同发展"的良好态势，以"节庆云南，快乐天堂"为主题，形成"展、会、节"等互为补充、相互促进的会展产业发展格局，巩固提升、发展培育和重点支持一批品牌节庆展会。支持打造玉溪国际美食展、曲靖国际装备制造业产品展、楚雄民族特色医药展、大姚蜂蜜交易会、大理工艺美术品展、大理国际影会、大理国际兰花茶花博览会、宣威火腿交易会、迪庆香格里拉特色产品展销会、怒江斑铜工艺产品展、蒙自国际生物特色产品展、泸西高原梨文化展、丘北国际辣椒节、德宏小粒咖啡交易会、德宏优质小锤干巴展、普洱茶文化博览会、腾冲野菜特色美食展、中国临沧凤庆滇红茶交易会、中国云南野生食用菌交易会、昆明新春购物博览会、玉龙县民族餐饮文化节暨高原特色农产品展销会。

四、保障措施

（一）完善体制机制

1. 健全会展产业支持政策体系。强化产业主管部门"规划、管理、协调、服务"职能，通过简政放权和机制体制创新，激发市场主体的活力和创造力，保障会展产业持续健康发展。各州、市要将会展产业纳入发展规划，制定配套产业促进政策，保障会展产业有序发展。研究制定会展龙头企业扶持政策，引导大型会展企业采取收购、兼并、控股、参股、联合等形式组建更具产业牵动力的展览集团。培育一批具有先进办展理念、管理经验和专业技能的龙头会展企业，充分发挥示范和带动作用，提升行业核心竞争力。(各州、市人民政府牵头；云南国际博览事务局，省发展改革委、商务厅、国资委、招商合作局，贸促会云南省分会配合)

2. 加快完善产业改革发展条件。优化新办展会审批流程，提高审批备案工作效率，实行审批备案"一站式"服务，降低办展办会成本。综合运用行政、法律、市场手段，保障公开、公平、公正的会展产业市场环境，加快会展产业相关标准体系建设步伐。建立和完善全省会展产业统计调查制度、统计指标体系和监测分析机制。推进省会展行业协会改革发展，按照社会化、市场化、专业化原则，引导行业协会提升专业化和规范化运作水平，积极发挥行业自我管理作用，向会展企业提供经济信息、市场预测、技术指导、法律咨询、人员培训等服务，提高行业自律水平。(云南国际博览事务局，省商务厅、工商局、质监局、食品药品监管局、统计局牵头；省旅游发展委、招商合作局，贸促会云南省分会配合)

3. 建立会展产业人才培养机制。引导高校和教育培训机构加强对适应会展产业发展需要的技术技能型、应用复合型专门人才的培养。鼓励大型企业、中介机构、行业协会与有关院校等联合培养会展行业人才。建立会展从业人员分类管理机制，加强对会展职业教育的规划和引导。加大会展产业高层次人才引进和培养力度，规范和完善培训和考核制度，提高云南省会展人才综合素质。(省教育厅牵头；云南国际博览事务局，省人力资源社会保障厅配合)

4. 构建展会应急保障管理机制。在重要展会现场设立应急处置指挥中心，根据展会规模配备相应工作人员。针对假冒伪劣、偷窃、暴乱、经济纠纷等各种突发事件制定相应应急处置预案，确保处置应对突发事件有法可

依、合规高效。省公安厅，云南国际博览事务局牵头；省安全厅、商务厅、工商局、质监局、食品药品监管局配合)

（二）加大资金扶持

5. 争取国家部委加大扶持力度。省直有关部门要主动向国家发展改革委、商务部、科技部和中国贸促会等对口国家部委申请汇报，争取对云南省参与"一带一路"建设、国际产能与装备制造合作、"走出去"和"引进来"的各类展会及高新技术、特色产业类经贸交流活动给予资金支持，推动落实国家对云南省边交会等特色展会的政策和资金支持，有力推动云南省边境贸易发展。(省直有关部门牵头；有关州、市人民政府配合)

6. 加大财政金融支持力度。研究制定促进和支持会展产业发展有关财政资金的管理办法，规范使用省级财政预算资金，专项用于扶持全省会展产业发展，不断提高财政资金使用绩效。探索建立会展产业扶持市场化资金运作机制，研究出台有利于会展产业发展的优惠政策，通过市场运作吸引社会资金投入会展产业发展。对本土具备一定实力的会展企业，鼓励通过挂牌上市、发行债券等方式拓展融资渠道。支持通过发起设立产业发展基金等方式支持会展产业加快发展。(云南国际博览事务局，省财政厅牵头；省商务厅、金融办、地税局，贸促会云南省分会，省国税局配合)

（三）优化发展环境

7. 加强宣传推介工作。把会展产业纳入城市形象宣传的重要内容，在门户网站、主要媒体、对外经济合作宣传推介资料中设置云南会展宣传内容。强化典型示范，加大优秀会展、企业和个人的宣传力度，形成良好的产业发展氛围。（省新闻办牵头；云南国际博览事务局，各州、市人民政府配合）

8. 提升依法管理水平。研究制定《云南省会展产业发展促进办法》，推动云南省会展产业加快发展。通过法律保护展会主办方、参展客商、观众的合法权益。在有条件的会展场所设立法律咨询服务点，保障会展活动各参与方能及时得到法律服务。(云南国际博览事务局牵头；省法制办、司法厅配合)

9. 建立会展行业诚信体系。运用信息技术和管理手段，加快建立覆盖展览场馆、办展机构和参展企业的会展产业诚信体系，提倡诚信办展、规范服务。建立信用档案和违法违规失信企业信息披露制度，推动部门间监管信息的共享，实现分类监管。加强知识产权保护，严厉打击侵犯知识产权行为。依法制定云南省会展产业消费者权益保护有关配套制度，在有条件的会展场所推广设立知识产权和消费者投诉服务点，及时解决消费者投诉，保障消费者在会展活动中的合法权益。(省知识产权局、工商局、质监局、食品药品监管局牵头；云南国际博览事务局，省法制办、商务厅、工商局，人民银行昆明中心支行配合)

10. 严格落实安全生产责任制。落实展会承办者主体责任，制定严格应急措施，强化展会安保措施。完善会展产业保险保障制度。鼓励参展商投保火灾、盗窃等财产险；对生鲜或冷冻产品、易损坏展品，投保特殊损害险等；办展企业应为工作人员及参观者投保公众责任险、人身意外伤害险等；为前往海外的会展筹备组织人员购买医疗和意外伤害险等。充分运用出口信用保险政策，通过中国出口信用保险公司等保险机构在全球建立的渠道和服务网络为参展的国内外企业优化海外资信提供保障，促进企业快速有效对接国际市场。(云南国际博览事务局牵头；省金融办，云南保监局、中国出口信用保险公司云南省分公司配合)

11. 积极推动会展产业国际合作。支持和引导云南省展览企业组建专业化、国际化展览营销团队，大力引进国内外知名展会到云南省举办，吸引国内外知名展览企业落户云南省，对引进的重要展会和重点企业给予适当奖励和补助。依托各方工作渠道和工作优势，加强与国际和港澳台会展产业界的联系、交流与合作，努力引进外资展览公司和国际品牌展会，建立国际会展项目绿色通道，促进云南省会展产业国际化发展。(云南国际博览事务局牵头；省商务厅、外办，贸促会云南省分会配合)

太原市人民政府关于促进会展业发展的实施意见

各县（市、区）人民政府，各开发区（园区）管委会，市直各委、局、办，各有关单位：

为营造良好的会展发展环境，进一步促进会展业深化发展，充分发挥会展业对扩大消费、调整产业结构、拉动经济增长、提升中心城市功能的综合性、跨界性带动作用，将会展业发展成为我市现代服务业的新的经济增长点，推动现代服务业发展，根据《国务院关于进一步促进展览业改革发展的若干意见》（国发〔2015〕15号）和《山西省人民政府关于促进会展经济发展的若干意见》（晋政发〔2016〕59号），结合我市实际，提出本实施意见。

一、指导思想

以服务经济转型，促进会展业发展为目的，采取统筹协调、政策扶持、打造品牌、培育市场主体等措施，积极推进展览业市场化进程，更好地服务于国民经济和社会发展全局，努力将太原打造成为我省会展经济核心区和我国中部地区重要的会展城市。

二、加强规划引导，推动品牌会展聚集

（一）充分发挥会展联席会议制度作用。认真落实会展活动管理联席会议制度，通过联席会议制度统筹会展发展方向，制定会展业发展规划及相关政策，对全市大型会展活动进行综合协调和规划引导。

（二）坚持顶层设计理念。根据会展发展实际，通过会展扶持资金和相关扶持政策，鼓励引导企业通过市场运作，尽快形成品牌会展聚集地，

扩大城市影响力。一是巩固提升现有品牌会展项目。加大对在我市有一定影响力和群众基础的现有品牌会展的支持力度，在原有基础上做大做强。根据市场需要策划叠加一些相关会议、论坛、信息服务、文化创意、经贸洽谈等项目，形成以会展带动相关产业互动发展的格局。二是创新发展新型会展项目。创新太原低碳发展论坛。依托山西产业优势、历史文化资源优势、人文资源优势、清凉太原环境优势、旅游资源优势、晋商文化优势、特色农副产品和各类名优特产品优势，以小微企业创业创新基地首批示范城市为契机，创新培育一批有一定影响力的品牌展会。三是引进一批成熟品牌会展项目。引进有利于我市发展的大型国家级会议在我市定期举办，同时鼓励引进一批符合我市产业特色、社会经济效益明显、影响力较强的国内外大型会展项目。

三、优化行政审批监管环节，提高服务效率

（一）优化会展行政审批环节。除现有对会展活动有审批（报备）职能的部门对会展活动审批（报备）外，取消其他非规范性审批。现有会展活动审批（报备）部门要明确简化审批的具体措施，结合自身职责设立"绿色通道"。对符合规定的品牌展会，简化审批环节，提高效率，避免同类事项重复审批。

（二）规范会展收费与监管。会展收费和检查原则上采取多部门联合执法方式进行。确需单独检查和收费的，依法出示相关证件、开具统一票据。

四、加大政策扶持力度，助推会展经济发展

（一）启动会展专项扶持资金。按照《太原市会展活动管理暂行办法》，市财政每年安排落实300万元会展专项扶持资金。对推动我市经济发展作用明显的特大型会展活动，视具体情况另设补贴资金。太原市会展办、财政部门出台具体会展专项扶持资金管理使用办法，保证资金及时拨付和良好

运作。

（二）落实税收优惠政策。税务部门根据税法有关规定，积极落实会展活动税收优惠政策。

（三）创新金融服务模式。鼓励银行、保险、信托等金融机构根据会展业发展特点，创新金融产品和信贷模式，推动知识产权质押等多种方式融资。拓宽会展企业融资渠道，加大对会展企业的融资担保支持力度，解决会展企业流动资金少，融资难等问题。

五、培育壮大市场主体，提高会展业竞争力

（一）加快培育引进大型会展企业。鼓励现有会展企业通过多样化资本运作方式上规模、上档次，着力培育一批实力强、竞争优势明显的大型会展企业。条件成熟时，推动成立符合现代企业制度的会展产业集团，进而形成以大型会展企业为龙头、中小型企业为骨干、会展服务企业相配套的会展市场主体。进一步扩大开放，积极引进战略投资者和国际、国内知名会展企业到太原设立分支机构、代理机构和合资机构。鼓励本地会展企业吸收国内外先进经营理念和管理方式，提高企业经营管理水平。

（二）加大会展创业孵化力度。以创业促就业，鼓励创业者、投资者在会展业创业创新，培育建立会展企业培育中心，为会展企业提供会展创业辅导、经营诊断、管理培训等服务。以服务精细化为目标，围绕会展经济服务产业链形成，大力培育发展会展策划、展位搭建、装饰装修、广告宣传、展品运输、宾馆酒店、旅游票务、信息咨询等会展服务企业。

（三）加强人才培养力度。依托省城高校资源，鼓励开放式办学和合作办班，有计划的为会展企业培养专业会展人才。利用会展专项扶持资金，加强会展人才培训，为会展业发展提供人才支撑。

（四）推动会展行业诚信体系建设。充分发挥会展行业协会作用，开展资质认证服务。开展诚信展览认证、展示工程企业资质等级评定、会展企业

资质认证等服务，优化展览业市场。加强会展行业知识产权保护，塑造会展业诚信品牌影响力，加强会展行业诚信体系建设。

六、加强基础设施建设,提高现有场馆利用率

（一）推动新场馆建设。建设12万平米基础设施齐全、功能布局合理的大型会展中心，补足我市会展业发展短板。为引进和创办大型会展，全力打造我国中部地区重要会展城市奠定硬件基础。

（二）提高现有场馆等基础设施综合利用率。鼓励推动中国（太原）煤炭交易中心、中国（太原）煤炭博物馆、山西省展览馆、山西国际会议中心等建立联动机制，实现资源共享。制定公开透明的使用规则和收费标准，为会展发展创造良好环境。

（三）各县（市、区）对适合举办会展活动的露天广场有计划的向会展市场开放。

七、建立会展协同机制，营造会展发展氛围

（一）建立奖补机制。开展会展创优活动。每年对在我市举办的优秀品牌会展项目、会展企业、展馆及在会展引进、人才培养、会展研究、会展策划等方面做出突出贡献的单位和个人给予奖励或补贴，激发社会各界争相办展、创优办展的活力。

（二）完善信息发布机制。建立太原会展网和微信公共号等公共服务平台。推动电视、广播、网站等媒体会展信息发布联动，为组展企业提供会展政策咨询、会展信息发布、会展企业推介和场馆展示等便捷高效服务，加大宣传力度，营造良好舆论氛围。

（三）推动建立住宿、餐饮、景区、旅游、文化、品牌产品等关联业态战略合作机制。在大型会展期间互优互动互利互惠，扩大会展经济溢出效应。进一步扩大会展业对经济发展的推动作用。

（四）畅通会展信息数据汇集机制。建立会展业统计报表制度。市、区两级对会展活动有审批（报备）权的职能部门、会展展览场地提供方、会展承办方、市会展办按规定时间和程序及时收集、填报会展活动信息数据，全面准确反映我市会展经济发展状况，为制定会展业发展政策和领导决策提供依据。

湖南省人民政府办公厅
关于促进会展业改革发展的实施意见

湘政办发〔2016〕71号

各市州、县市区人民政府，省政府各厅委、各直属机构：

为推动我省会展业改革发展，更好发挥其在稳增长、促改革、调结构、惠民生中的积极作用，根据《国务院关于进一步促进展览业改革发展的若干意见》（国发〔2015〕15号）文件精神，经省人民政府同意，结合我省实际，提出如下实施意见：

一、总体要求

（一）指导思想。全面贯彻党的十八大和十八届三中、四中、五中全会精神，以大力发展现代服务业为契机，以专业化、国际化、品牌化、信息化为导向，按照政府引导、市场运作、整合资源、打造品牌的思路，改革管理体制，优化发展环境，壮大市场主体，延长产业链条，促进转型升级，把我省打造成为中部会展经济强省。

（二）基本原则。坚持深化改革。进一步深化会展业管理体制改革，明确会展业经济、社会、文化、生态功能定位，加快政府职能转变和简政放权，以体制机制创新激发市场主体活力和创造力。坚持科学发展。按照产业特色和区域协调发展需要，优化全省会展业布局，推动各市州会展业错位发展；充分调动各方面积极性，营造协同互补、互利共赢的发展环境。坚持市场导向。遵循会展业发展规律，借鉴国内外先进经验，综合运用财税、金融、产业等政策，建立公开公平、开放透明的市场规则，逐步形成市场主导、企业主体、协会服务、政府监管的发展格局。

（三）发展目标。力争到2020年，产业布局合理、服务功能完善、企业竞争有序、市场运作良好的全省现代会展业体系基本形成。培育一批品牌展会，其中，UFI（国际会展联盟）认证品牌展会1～2个，在国内具有较强影响力的品牌展会10～15个，永久落户湖南的国际性学术或研讨会议1～2个，年收入过亿元的会展企业5～8家，会展业直接收入年均增长15%以上，带动相关产业年收入1000亿元以上。

二、改革管理体制

（一）推进市场化进程。注重会展活动的市场化、专业化、国际化功能培育，切实发挥市场在会展业资源配置中的决定性作用。进一步优化环境、规范市场，加大政府购买服务力度，扶持有实力的专业会展公司运营展会、引进展会。放宽市场准入条件，着力培育市场主体，加强专业化分工，拓展会展业市场空间。严格落实党政机关境内举办展会活动有关规定，进一步规范各级政府办展办会行为。建立政府办展退出机制，各级政府逐步退出举办基本成熟和形成市场规模的展会，逐步减少财政直接出资和行政参与。

（二）完善展馆运营管理。创新展馆管理体制和运营机制，提高展馆设施利用率，增强运营效益和盈利能力。兼顾公益性和市场原则，加快现有会展场馆提质改造升级，完善配套设施，优化场馆定位和功能布局，提升场馆的信息化水平和承载能力。鼓励各地根据发展实际，科学规划建设所需场馆。

（三）发挥中介组织作用。按照社会化、市场化、专业化原则，积极发展规范运作、独立公正的专业化行业组织。鼓励行业组织开展会展业发展规律和趋势研究，并充分发挥贸促机构等经贸组织的功能与作用，向企业提供经济信息、市场预测、会展评估、技术指导、法律咨询、人员培训、制定行业标准、企业资质等级评定等服务，提高行业自律水平。

三、加快转型升级

（一）优化会展业布局。按照"重点布局、多极发展、统筹协调"的思路，优先引导和推动会展条件较好的地区、城市和企业加快发展，加快形成以长沙为中心，长株潭地区、洞庭湖地区、湘南地区、大湘西地区会展业协调发展的"一中心四板块"会展业发展格局。支持长沙市建设"中部会展高地"和国家会展中心城市。

（二）培育品牌展会。支持和引导现有同类型展会项目整合优化，提升规模和档次。支持已有一定影响力的成熟品牌展会项目提升国际化水平，积极申请UFI认证，努力打造成为国际化水平高、全国知名的品牌展会。大力培育有发展前景的新兴展会，依托湖南科技、产业优势和重点支持的战略性新兴产业等，积极培育一批比较优势明显、带动力强的专业展会，打造国际性或区域性品牌。鼓励和支持各市州发挥各自优势，举办有利于提高人民生活水平的消费类展会和有利于促进当地产业发展的专业性展会，并逐步做大做强。鼓励和支持省内外会展企业以多种形式在湘举办国际化、专业化大型展会。积极争取国家级展会项目落户湖南。支持和引导本省会展企业组建专业化、国际化会展营销团队，为企业到我省参展参会、办展办会提供优质服务，实现以展招展、以展招会、以展招商、以会招展。

（三）培育会展龙头企业。加大市场主体培育力度，甄选一批有发展潜力的中小会展企业，鼓励和支持其做活做优，走"小而专、小而精"的专业化特色发展道路，并着力培育其做大做强。加强政策引导，鼓励和支持国际知名会展机构通过收购、兼并、控股、参股、联合等多种形式在我省设立办展机构，打造具有先进办展理念和管理经验、专业优势突出的龙头会展企业，提升行业核心竞争力。吸引国内外知名会展企业及其重大项目落户我省。

（四）延伸会展业产业链。树立大会展产业理念，提高对会展产业高关联度的认识，推动展、会、节、演、赛融合发展，支持产业链上下游企业跨界融合，加强产业配套能力，增强企业协同能力。以会展业为基础，带动文化科技、信息通信、交通物流、金融保险、旅游娱乐、餐饮住宿、教育等相关行业以及策划、广告、装修、设计、印刷、安装、租赁、保税、现场服务等配套行业协调发展，形成会展业与关联产业互动共赢的发展格局，增强会展业对国民经济和社会发展的辐射、带动作用。

（五）加快信息化进程。引导关联企业运用现代信息技术，开展服务创新、管理创新、市场创新和商业模式创新，推动云计算、大数据、物联网、移动互联等技术与会展业相融合，发展"会展+互联网"新业态。促进电子商务在会展业中的应用，鼓励举办网络虚拟展会，形成线上线下有机融合的会展新模式。

（六）加大对外开放力度。积极支持省内会展企业与国内外会展机构交流合作，在办展办会、场馆运营、人员培训、信息交流等方面加强合作。以深化与"一带一路"沿线国家经贸合作为重点，支持省内行业龙头企业、中小企业、展览机构、商协会等在境内外参加或举办展会，带动湖南产品和服务"走出去"。

四、优化发展环境

（一）加强知识产权保护。全面贯彻落实展会知识产权保护有关法规，强化展会知识产权保护工作。支持和鼓励会展企业通过专利申请、商标注册等方式，开发利用展会名称、标志、商誉等无形资产，提升对会展知识产权的创造、运用和保护水平。扩大知识产权基础资源共享范围，建立信息平台，服务会展企业。

（二）完善行业标准体系。落实国家标准化工作要求，完善会展业标准体系建设，鼓励和支持会展协会制订和推广会展管理、经营服务、节能环保、安全运营等行业标准，逐步形成面向市场、服务产业、主次分明、科学合理的会展业标准化体系。

（三）规范会展业市场秩序。规范展会登记及备案、信息发布、安全措施、违法监督处罚及投诉处理等行为，鼓励会展行业有序竞争、规范办展办会。完善重点参展产品追溯制度，推动落实参展企业质量承诺制度，切实履行主体责任。创新监管手段，加强参展商、采购商维权援助举报投诉和举报处置信息能力建设，形成公平竞争、规范有序的会展业市场秩序。

（四）完善会展业诚信体系。运用现代信息技术和管理手段，加快建立覆盖会展场馆、会展机构和参展企业的会展业诚信体系，推广信用服务和产品的应用，提倡诚信办展办会、规范服务。建立信用档案和违法违规信息披露制度，推动部门间监管信息共享和公开，褒扬诚信，惩戒失信，实现信用分类监管。

（五）强化会展统计工作。完善会展统计制度，以国民经济行业分类为基础，科学构建以会展数量、展出面积及经营状况等为主要内容的统计指标体系。建立统计、商务、工商、税务、质监等部门之间信息定期交换和信息发布机制，实现会展统计监测信息共享，及时、全面、准确掌握会展业发展动态及其在国民经济发展中的重要作用。

（六）逐步开展会展行业评估。鼓励和支持会展协会构建会展业评估体系，对会展企业及项目的运营状态、实际效果、发展前景等进行调查统计、分析，推动会展行业健康有序发展。组织开展会展企业资质等级评定，定期发布我省展会目录，为培育品牌展会营造良好的氛围。

五、强化保障措施

（一）加强组织领导。建立由省人民政府分管副省长任总召集人，省商务厅、省发改委、省教育厅、省科技厅、省经信委、省公安厅、省财政厅、省农委、省文化厅、省地税局、省统计局、省工商局、省质监局、省贸促会、省政府新闻办、省国税局、长沙海关、湖南出入境检验检疫局等部门有关负责人参加的湖南省会展业发展工作联席会议制度，加强对全省会展工作的组织领导、统筹协调，研究制订全省会展业发展战略、规划、政策并推动实施，促进全省会展业健康快速发展。

（二）加大财税支持力度。落实中央及我省支持服务业发展的有关政策措施。整合有关财政资金，按照"政府引导、市场运作"的原则，加大对会展业的支持和引导力度，重点支持本省会展企业到境内外组展办展及宣传推介本省展会、省内会展企业与国际国内知名的会展机构合作办展、国际国内知名会展品牌的引进、申办国际性展会、新兴展会品牌培育、重点品牌展会提质升级、专业人才引进和培训等。落实营改增、小微企业增值税、所得税等税收政策，促进会展企业及相关配套服务企业健康发展。

（三）加大金融支持力度。鼓励省内银行、保险、信托等金融机构在现有业务范围内，按照风险可控、商业可持续原则，创新适合会展业发展特点的金融产品和信贷模式，推动开展展会供应链等多种方式融资，进一步拓宽会展企业融资渠道。支持通过多种渠道引导境内外资金、风险投资基金及创业基金投资湖南会展业。

（四）加大人才培养力度。鼓励会展企业创新人才管理模式，加大会展专业人才的引进力度。规范和完善会展从业人员的培训和考核，提高我省会展业人才综合素质。鼓励高等院校、职业院校深化教育教学改革，按照市场需求，联合大型企业、中介机构、行业协会，建立会展人才实习实训基地，开展多层次、多渠道的职业教育、专题培训班或讲座等，通过高校、社会、企业相结合的培养模式，打造高素质的会展专业队伍，为我省会展行业发展提供人才支持。

（五）提升通关便利化水平。全面落实展会通关便利化措施，优化展品出入境管理模式，提高通关便利化水平。简化展品审批备案手续。引导、培育重点会展企业成为海关、检验检疫高信用企业。完善重要展会现场服务监管措施，在重要会展现场提供"一站式"服务，建立展会现场各联检单位"信息互通、监管互认、执法互助"监管模式。积极改进和创新监管模式，积极推广长沙金霞跨境保税直购试点经验，打造"永不落幕的进口产品博览会"。加强信息化建设，实现会展通关及监管无纸化。

（六）创新会展业推广模式。整合传统媒体与新兴媒体，充分发挥互联网、新媒体作用，精心组织策划宣传我省会展业的各类发布会、推介会，创新形式宣传推广我省重大会展活动。统一对外宣传推介湖南会展优势和形象，吸引国际国内知名品牌展会和会展企业入驻湖南。

2016年9月13日

山西省人民政府
关于促进会展经济发展的若干意见

各市、县人民政府，省人民政府各委、办、厅、局：

为进一步发挥会展业对扩大消费、调整产业结构、拉动经济增长、提升中心城市功能的综合性、跨界性带动作用，推动现代服务业发展，现提出如下意见。

一、总体目标

以服务经济转型为根本目的，以市场化、专业化、国际化、品牌化、信息化为发展方向，加强对全省会展业的统筹指导，加快培育会展主体，建立支持会展业发展的协同机制，夯实会展经济发展基础。力争到2020年，全省年会会数量突破150场（次），年展览面积突破120万平方米，培育2~3个具有国际影响力的全国品牌展会、5个行业品牌展会，永久落户1~2个国际性学术或研讨会议。会展设施更加齐全，配套服务更加完善，将太原市打造成为我国中部地区重要的会展城市。

二、加强对会展经济的统筹协调

（一）充分发挥我省促进展览业改革发展联席会议制度的作用

省商务厅要发挥牵头统筹协调作用，联席会议各成员单位要按照职责分工，密切配合，定期召开联席会议，研究解决全省会展业发展中的重大问题，制定全省会展业发展规划和促进政策，部署全省年度会展工作。省投资促进局要统筹承办省人民政府主办的各类经济合作和招商引资博览会、洽谈会等活动。充分发挥贸促会等群团组织、行业协会和社会中介组织的作用。

（二）打造山西会展品牌

1. 打造五个重点品牌展会。以服务产业转型升级、结构调整和招商引资为主要目标，集中精力办好政府主办的中国（太原）国际能源产业博览会、中国（山西）特色农产品交易博览会、山西文化产业博览交易会、平遥国际摄影大展和山西省旅游发展大会五大重点展会，充分利用"太原论坛"提供的平台和时机举办展会，做到固定时间、固定地点、固定功能，打造山西会展品牌，奠定我省会展经济发展的基础。

2. 培育一批专业品牌展会。以展览展示、产品推介和洽谈签约为主要目标，自主举办山西装备制造业博览会、太原煤炭工业技术装备展览会、中国（山西）酒饮食品产业交易博览会等展会；引进举办中国（太原）国际汽车展览会、中国快餐工业博览会等展会；"走出去"参加中国中部投资贸易博览会、中国国际投资贸易洽谈会、中国-东北亚博览会、中国-南亚博览会、中国西部国际博览会、中国（广州）进出口商品交易会、中国-亚欧博览会、东盟（曼谷）中国进出口商品交易会、德国汉诺威国际工业博览会等境内外展会。

3. 鼓励各市举办地方特色展会。各市要结合当地文化、旅游资源和产业特点，继续办好关公文化旅游节、五台山国际文化旅游月、高平炎帝文化节等活动，邀请国内大型知名企业举办会奖旅游、年会等活动，以游带会、以会带游，进一步扩大地方影响，提高知名度，带动地方经济发展。

三、培育会展业主体

（三）打造全省会展经济核心区

会展经济是城市经济，太原市要发挥省会城市会展资源集聚的优势，打造我省会展经济核心区。太原市要制定具体的促进会展业发展办法，为会展业发展创造环境，设立专项扶持资金，全力打造以长风商务区山西国际会展中心为标志的会展经济核心区。

（四）做大做强龙头企业

企业是市场活动的主体，要使龙头企业成为全省会展业发展的主力军。各地要引导现有会展机构和企业组建股份制会展企业集团或会展联盟，在资金、运作、人才等方面给予适当支持，鼓励其以资本为纽带，通过联合、合作、参股等方式壮大企业规模，引入品牌会展，发挥全省会展产业龙头带动作用。

（五）培育会展专业服务企业

鼓励社会各类投资者成立会展专业服务公司，引导中小会展企业与展览场馆、商协会等建立合作联盟，加快向规模化、专业化、品牌化发展，提供高品质会展策划、代理、广告、宣传、工程等会展服务。

（六）大力引进优质会展企业

鼓励各类资本参与展馆建设，吸引拥有展会资源的国内外一流展览集团参与现有展馆经营。积极争取国内外知名会展公司在我省设立分支机构、代理机构或合作机构。密切与国际会展权威机构和知名人士的良性互动，加强与国际行业组织的合作，培育、引进一批优秀会展项目。

四、建立支持会展业发展机制

（七）建立考核激励机制

1. 建立奖补机制。设立全省会展业发展专项奖补资金1000万元。同时，整合现有涉及展览业的专项资金，统筹使用，支持全省会展经济发展。省商务厅每年发布上年度我省重点支持的市场化展会目录，对列入目录的展会给予奖励或补贴。引进国际品牌展会每个给予不超过100万元奖励；引进国内品牌展会每个给予不超过80万元奖励；引进行业品牌展会每个给予不超过50万元奖励；引进大型国际性会议（论坛）给予单个不超过50万元外来参会人员住宿补贴；引进全国大型会议（论坛）给予单个不超过30万元外来参会人员住宿补贴；对重点扶持的我省自办展会每个给予不超过30万元补助。

2. 建立考核机制。对中国（太原）煤炭交易中心、中国煤炭博物馆、山西省展览馆每年的办展数量、规模进行考核，完成目标给予奖励，未完成目标核减相关展会经费。

（八）建立会展设施运营管理协同机制

积极推进中国（太原）煤炭交易中心、中国煤炭博物馆、山西省展览馆等展馆运营机制创新，鼓励"走出去"招展引展，转变经营理念，围绕会展核心主业，大力发展广告宣传、旅游、拍卖等配套产业，实现业务立体叠加、跨界经营，提升综合盈利水平。鼓励展馆之间组成展馆联盟，实现资源共享，形成不同展馆的展示风格和独特主题，实施动态展与固定展滚动互融，创新展馆经营模式。

（九）建立政策协同机制

1. 简化展会的行政审批环节。公安、工商、质监、交通运输、卫生计生、税务、海关、出入境检验检疫等相关部门要结合自身职责设立绿色通道，制定实施《品牌展会绿色通道启用管理办法》，对符合规定的品牌展会，简化审批环节，提高效率，避免同类事项重复审批。

2. 规范会展收费和检查。会展收费和检查原则上采取多部门联合执法的方式进行，确需单独检查和收费的，要依据相关法律法规规定出示相关证件、开具统一票据。切实加强监督检查，坚决制止并严肃查处对会展的乱检查、乱收费、乱罚款和乱摊派行为。

（十）建立产业协同机制

1. 做大做强会展产业链。围绕会展核心业务，大力发展广告、策划咨询、装饰装潢、中介、展会物流等配套服务产业，加快发展酒店、旅游、餐饮、零售、电子商务等关联产业，延伸会展产业链，进一步扩大会展业对经济发展的拉动作用。

2. 推动商旅文展融合发展。举办以服务产业转型和招商引资为主要功能的展会，在向参展商、参会商发邀请函的同时，寄送推介我省品牌旅游线路、展会期间文化展演介绍、我省特色品牌产品推介等宣传手册，扩大会展经济溢出效应。在主展区外围设立山西旅游、文化、餐饮、品牌产品的展览展示区域，安排我省特色文化精品剧目展演。

3. 积极发展网上会展。引导和鼓励行业协会或龙头企业牵头举办网上展会，积极推动在我省举办的各类品牌展会同步开通网上展览和推介，并逐步完善电子商务、第三方支付等功能，借助互联网经济优势，努力打造线上线下融合互动、充满活力的会展经济体系。

五、夯实会展经济发展基础

（十一）编制《山西省"十三五"会展业发展规划》

明确会展产业发展目标和产业政策，根据会展产业发展的战略定位和发展规划，对会展业硬件设施建设进行宏观把控，发挥产业政策的宏观调节功能，促进会展产业朝着既定方向和目标发展。

（十二）出台《山西省会展业管理办法》

明确界定会展业参与各方的法定地位、权利职责和行为规范，做到依法行政、依法管理、依法经营，真正实现会展业经营、管理法制化。

（十三）加强场馆基础设施建设

太原市筹建10万平方米以上、基础设施配套齐全的大型会展场馆，为引进和创办大型展会奠定硬件基础。加快推进大同、运城等市建设高标准、国际化展览场馆，推动各市规划新建或改造一批一馆多用、优势互补的中小型场馆，增强我省办展能力。

（十四）加快会展业人才培养

引导和支持有关大中专院校办好会展业相关专业，建立会展职业教育和从业人员培训机制，与国内外知名会展培训机构联合举办会展业相关培训。

通过各种渠道，加快引进国内外各类会展专业人才，特别是策划、设计、现场服务等专门人才来我省发展。

（十五）设立山西会展官方网站

发布我省各类展会信息，提供会展政策咨询、会展信息发布、会展企业和场馆展示、网上会展等服务，畅通企业、市场、展馆、政府之间有效联系渠道。

（十六）建立会展业统计报表制度

商务部门要会同统计部门、各市、各展馆加强会展业的统计调查工作，建立会展业统计报表制度，全面准确反映我省会展经济发展情况，为制定会展业发展政策和领导决策提供依据。

2016年11月22日

兰州市会展行业诚信建设专项治理工作方案

根据《国务院关于建立完善守信联合激励和失信联合惩戒制度、加快推进社会诚信建设的指导意见》《国务院关于进一步促进展览业改革发展的若干意见》《甘肃省关于进一步促进全省展览业发展的实施意见》以及《兰州市社会信用体系建设2017年工作要点的通知》精神，为深入推进"中国展会诚信建设工程"，切实做好展会领域质量管理工作，营造公平诚信的展会市场环境。结合全市会展发展实际，特制订本方案。

一、指导思想

全面贯彻党的十八大和十八届三中、四中、五中、六中全会精神，牢固树立创新、协调、绿色、开放、共享发展理念，按照市委、市政府的决策部署，以创造诚信、安全、放心的展会消费环境为重点，加快和推进展会领域诚信机制建设，加强展会品牌培育和示范企业建设，依法依规运用信用激励和约束手段，落实褒扬诚信、惩戒失信相关措施，促进会展企业依法诚信经营，维护市场正常秩序，提高行业诚信经营水平，促进我市会展行业又好又快发展。

二、基本原则

（一）坚持市县（区）联动与部门监管相结合

通过信用信息公开和共享，建立全市展会领域联合激励与惩戒机制，形成市县（区）协同联动、行业组织自律管理、信用服务机构积极参与、社会舆论广泛监督的共同治理格局。联合相关部门加大对展会活动中失信的惩处力度，维护展会市场秩序，规范信用市场主体行为，提高市场主体诚信自律意识，实现自我约束、自我发展。

（二）坚持褒扬诚信与失信惩戒相结合

坚持激励与惩戒并举，坚持有法必依、发挥法律法规在引导、规范、调整和保障展会诚信体系建设中的的关键作用，深入开展宣传教育，积极培育诚信文化，加大对诚信主体激励和对严重失信主体惩戒力度，形成褒扬诚信、惩戒失信的制度机制。

（三）坚持树立典型与培育扶持优秀相结合

加快推进行业内、部门间信用信息的互联互通，会同有关部门和社会组织在监管和服务中建立展会企业主体信用记录，将诚信列为培育和扶持优秀企业的重要内容，弘扬诚信，树立诚信典型，推进行业健康发展。

三、主要任务

（1）督促展会领域企业遵纪守法。严格遵守产品质量、消费者权益、公平竞争、公平交易、市场管理等方面的法律法规和标准，严格依法经营、规范管理，建立展会企业信用档案。

（2）督促展会企业完善服务承诺。依据行业标准制定服务承诺，将承诺服务的主要内容在单位醒目位置进行公示。（内容包括：服务项目、服务方式、服务质量、服务责任和收费标准等）

（3）督促展会企业严格质量准入制度。加强商品经营过程质量管控，坚持品真质优经营理念，合理定价，质价相符，明码标价，严格遵守合同，履约践诺。

（4）督促展会企业制定完整的管理制度。依据公司需求建立各类管理制度和工作规范，不断规范员工的经营行为，提高职业道德水平。

（5）督促展会企业树立以消费者为中心、服务至诚的经营理念。制定公司全过程服务标准，严格践行服务承诺，确保广告信息真实、准确，不误导和欺诈消费者。

（6）督促展会企业自觉接受政府、社会和舆论监督。配合有关部门依法打击制售假冒伪劣商品和商业欺诈等违法行为，为消费者维权提供便利和支持。

（7）督促展会企业树立品牌意识。各类展会企业要强化品牌意识，培育"品牌展会"和"品牌服务"；通过提升商品质量和服务质量，打造品牌的无形价值，树立"展会一流、商品一流、服务一流、信誉一流"的品牌企业形象；配合政府部门开展打击侵权假冒工作，拒绝销售假冒伪劣商品，做好企业自身的品牌维护和知识产权保护工作。

（8）加强企业基本信息统计管理。建立辖区重点会展企业名录库（2017年8月底建成并报市商务局电商会展处，每季度末对名录库信息进行更新完善并及时上报），及时做好行业和企业数据统计、汇总和分析，掌握行业发展动态，做好引导和监管。根据相关要求，今后的政策扶持、资金扶持只在行业名录库中选定企业或项目，之外的不予考虑。

（9）督促行业协会积极领导参与行业诚信建设。加强行业协会自身建设，充分发挥行业协会的龙头作用，借鉴外地先进经验，提升行业管理，强化沟通交流，发挥凝聚力和向心力作用，带领展会企业开展诚信建设，推动行业发展。

四、整治范围

全市会展公司，会展服务企业。

五、工作安排

自2017年7月至2018年7月，在全市范围内开展会展企业诚信建设专项整治工作，专项整治为期一年，分四个阶段推进。

第一阶段：制定方案，宣传动员（2017年7月）。制定下发《兰州市会展行业诚信建设专项治理工作方案》，各县区、兰州新区、高新区商务主管部门依据市商务局《方案》和实际情况制定《工作方案》，并全面启动全市会展行业诚信建设专项治理。请各单位于2017年7月28日前将《工作方案》报市商务局电商会展处，并适时上报工作动态和专项工作总结。

第二阶段：组织实施，完善管理（2017年8月至2018年2月）。依据《兰州市会展行业诚信建设专项治理工作方案》和县区制定的《工作方案》，市商务局和各县区、兰州新区、高新区商务主管部门分别组织开展会展行业诚信建设专项治理工作，坚持高标准、严要求，督促帮助各展会企业依法经营、规范管理，建立健全企业各项制度，组织开展打击侵权违法，拒绝销售假冒伪劣商品，查处和纠正违法经营行为，开展会展诚信宣传活动。督促会展协会制定"诚信兴商"自律公约或制度，强化行业自律管理。

第三阶段：学习借鉴，交流推广（2018年3月至2018年6月）。鼓励会展企业创造性开展"诚信兴商"活动，各县区、兰州新区、高新区商务主管部门以及会展协会适时组织企业开展现场会、观摩会活动，学习好经验好办法，总体提升全市会展企业经营管理水平。

第四阶段：全面总结，形成机制（2018年7月）。系统总结全市会展行业诚信建设专项治理工作，总结好经验，培育优秀企业，树立好典型，建立长效管理机制。

六、工作措施

(一)加强组织领导，开展监督检查

成立市县（区）会展行业诚信建设专项治理工作领导小组，县区、兰州新区、高新区商务主管部门负责人，局相关处室负责人，行业协会负责人为成员,领导小组下设办公室，办公室设在市商务局电商会展处，全面负责展会领域诚信体系建设的日常事务处理工作。深入开展诚信建设专项治理和宣传活动，发现问题及时纠正、及时治理，对于违法或非法案件及时转交公安、工商、质监、税务、物价、食药等有关职能部门查处，保持与这些职能部门的交流沟通和信息共享。做好相关工作的指导服务、进度督促、工作交流、调研培训和经验推广。各县区、兰州新区、高新区商务主管部门建立展会企业信用档案，探索建立全市会展系统"红黑名单"规范认定、部门评审、定期报送等工作机制，建立和完善展会诚信建设的统计和调查、投诉和举报制度。各县区、兰州新区、高新区商务主管部门、行业协会定期对商务诚信建设情况进行总结和分析，及时解决发现的困难和问题，适时报送"红黑名单"，市商务局将通过有关渠道定期向社会发布。

(二)创新工作思路，提升活动成效

结合全国文明城市、诚信单位创建，狠抓推动工作手段和行业自律机制的建设，协会制定行规行约，签订企业诚信公约，创建文明示范窗口等活动。要挖掘发挥会展协会联系企业的优势，搞好行业经营服务规范建设，搞好各层次企业管理人员和员工的诚信教育培训。

(三)拓宽工作渠道，扩大活动影响

各县区、兰州新区、高新区商务主管部门和会展协会要通过举办现场工作会、经验交流会等多种形式，督促企业制定诚信管理制度，建立企业诚信文化，开展诚信教育培训，自觉接受社会公众监督，扎实做好典型企业的总结推广，发挥优秀企业的示范带头作用。

(四)加强宣传推广，支持鼓励先进

组织企业积极参加诚信宣传月活动，邀请广大群众和新闻媒体进行广泛宣传监督。通过举办观摩会、现场交流会、成果推介会、新闻发布会等多种形式宣传诚信单位、优秀企业。严格执行"守信激励、失信惩戒"，明确将行业各类扶持和优惠政策优先安排给诚信企业和优秀企业，对于违法经营、失信企业在执行扶持和优惠政策时一票否决。

株洲市人民政府办公室关于加快株洲会展业发展的实施意见

各县市区人民政府、云龙示范区管委会，市政府各局委办、各直属事业单位：

为加快推动我市会展业发展，更好地发挥会展业在提升城市品位和知名度，以及促进经济增长方式转变等方面的重要作用，根据《湖南省人民政府办公厅关于促进会展业改革发展的实施意见》（湘政办发〔2016〕71号），结合我市实际，提出如下实施意见。

一、指导思想、总体目标和发展思路

（一）指导思想

全面贯彻党的十八大以来的各项方针政策，以大力发展现代服务业为契机，以我市特色支柱产业为依托，以专业化、国际化、品牌化、市场化为导向，以打造轨道交通产业国际峰会、航空产业国际峰会、新能源汽车产业峰会、芦淞服饰文化节、醴陵陶瓷产业博览会等"五张名片"为重点，不断整合会展资源，规范会展市场，优化发展环境，延伸关联产业，加快推动我市会展业发展，助力"一谷三区"建设、实现"两个走在前列"总目标。

（二）总体目标

力争通过5至10年，基本形成产业布局合理、服务功能完善、企业竞争有序、市场运作良好的全市现代会展业体系。培育一批品牌展会，其中，在国内具有较强影响力的品牌会展活动5～10个，永久落户株洲的国内学术或研讨会议1～2个，年收入过千万元的会展企业2～3家。全市会展业直接收入年均增长15%以上，带动相关产业年收入100亿元以上。

（三）发展思路

坚持"政府推动、市场运作、整合资源、打造品牌"的发展思路，注重政府引导和市场化运作相结合，政策支持和行业协调并重，会议和展览并举，突出打造"五张名片"，积极培育和引进具有创新活力和竞争力的会展公司、会展项目和会展人才，大力培育知名品牌会展，发展符合产业优势和特色的会展经济，将会展业培育成为我市战略性新兴产业。

二、加快培育壮大会展业市场

（一）积极培育会展市场主体

加大市场主体培育力度，加强政策引导，积极引进国内外知名会展企业及其重大项目落户株洲；采取政府引导、多方投资的形式，组建、培育本土会展企业，引导有潜力的中小会展企业向专业化、品牌化方向发展，提高会展策划、代理、广告、宣传、工程等会展服务水平；鼓励会展企业与国内外知名会展企业合资、合作，引进先进的办展理念和管理经验，提升会展企业的整体运作水平。加强市场化运作，逐步引导相关会展活动交由专业会展企业承办。力争用5至10年时间，基本形成以大型会展企业为龙头，专业会展企业为基础，相关服务企业为配套的会展市场主体体系。

（二）积极引进和培育品牌会展

结合株洲产业优势和特色，积极引进和培育在国内外有积极影响的品牌会展。各县市区和市直各有关部门、行业协会等要充分发挥各自优势，加强与国家、省有关部门、专业协会和国际机构的联系，争取品牌展会落户株洲；鼓励发展各类特色品牌会展，进一步支持具有行业特色和地方特色的专业性会展活动，扩大会展规模和影响力；大力培育有发展前景的新兴展会，积极培育并做大做强轨道交通国际峰会、航空产业国际峰会、新能源汽车产业峰会、芦淞服饰文化节、醴陵陶瓷产业博览会等专业展会，打响株洲会展品牌，不断提高株洲在国内外的知名度和影响力。

（三）积极推动会展关联产业发展

树立大会展产业理念，提高对会展产业高关联度的认识，推动展、会、节、演、赛融合发展，支持产业链上下游企业跨界融合，加强产业配套能力，增强企业协同能力。以会展业为基础，带动文化科技、信息通信、交通物流、金融保险、旅游娱乐、餐饮住宿、教育等相关行业以及策划、广告、装修、设计、印刷、安装、租赁、现场服务等配套行业协调发展，形成会展业与关联产业互动共赢的发展格局，逐步增强会展业对国民经济和社会发展的辐射、带动作用，形成以专业会展公司、行业协会为主体，以各类服务企业为配套的会展市场体系。

三、加大对会展业的扶持力度

（一）加大资金扶持力度

落实我省支持服务业发展的有关政策，发挥财政资金的引导和激励作用。市政府每年在财政预算中安排一定资金，专项用于扶持会展业发展，对符合我市产业发展导向、社会效益好、有发展潜力、按市场化运作的市重点展览及国际会议，给予专项资助或奖励；对为促进全市会展业整体宣传推广、综合保障、人才培训等搭建的会展公共服务平台项目，给予一定的资金支持，具体办法由市贸促会商市财政局等单位研究制订，报请市政府批准后实施。

（二）实行优惠税收政策

落实营改增、小微企业增值税、所得税等税收政策。对属于《国务院关于推进文化创意和设计服务与相关产业融合发展的若干意见》（国发〔2014〕10号）文件所规定的税收政策范围的创意和设计费用，执行税前加计扣除政策，促进会展企业及相关配套服务企业健康发展。

（三）开辟会展绿色通道

海关、检验检疫、交通等部门要针对会展积极开辟"绿色通道"，特别是对出入境展品，海关和检验检疫部门要优先、快速办理通关手续；交警、城管等部门要采取措施，保证展点周边道路畅通和运输展品车辆需要；工商、食药监等部门要配合市会展办，努力创造健康、有序的会展秩序。

四、营造会展业发展的优良环境

（一）建立会展业管理协调机制

成立由市政府常务副市长任组长、分管副市长任副组长的株洲市会展业发展工作领导小组（以下简称市会展领导小组），市委宣传部、市贸促会、市发改委、市商务粮食局、市经信委、市财政局、市旅游外侨局、市国资委、市农委、市教育局、市人力资源社会保障局、市食品药品监管局、市工商局、市统计局、市文体广新局、市科技局、市城管局、市公安局、市交警支队、市消防支队、市国税局、市检验检疫局和株洲海关等部门分管领导为成员。市会展领导小组全面负责全市会展业发展的战略规划、发展目标和政策的制定并推动实施，研究解决全市会展业发展过程中的重大问题，统筹协调全市会展业相关各方的关系，促进我市会展业健康、快速发展。领导小组办公室（以下简称市会展办）设在市贸促会，承担市会展领导小组日常工作，市贸促会会长兼任办公室主任。

（二）建立健全会展业政策体系

加快拟定《株洲市会展业管理办法》，建立会展业服务标准体系，规范会展经营行为，提高会展服务水平。建立组展商、服务商、参展商、专业观众和消费者纠纷调解与仲裁体系，维护会展主体与消费者的合法权益。对品牌展会进行会期保护，建立会展品牌保护机制。避免不正当竞争，形成公平有序的发展环境和良好的市场秩序，逐步形成符合市场经济要求的行业运行机制。

（三）加强会展知识产权保护

支持和鼓励会展企业通过专利申请、商标注册等方式，开发利用展会名称、标志、商誉等无形资产，提升对会展知识产权的创造、运用和保护水平。加强部门联动，做好展会现场投诉举报的受理、处置工作，有力打击侵权、假冒等违法行为，为参展商、采购商提供有力保障。

（四）强化会展统计评估工作

构建会展业统计和监测体系，以全市会展活动数量、展览面积、办展办会机构、会展服务企业等作为统计和监测的主要内容，建立数据监测分析制度。建立会展活动评估制度，对会展规模、参展商、专业采购商、经济社会效益等展开评价，并将评估结果作为扶持奖励的重要依据。各县市区、部门、行业协会、会展场馆及会展活动举办单位应积极配合，做好会展业的统计评估工作。

（五）不断完善会展基础设施

以现有场馆为基础，逐步改善会展设施条件，围绕展馆建设商务办公、酒店宾馆、文化娱乐等配套设施。鼓励大型宾馆、酒店和休闲度假中心增设国际会议设施，以适应召开高规格国际会议和各类商务会议、专业会议的需求；建设适应我市大型会展参展、布展快捷，人流、物流畅通的交通运输网络；扩大国内外信息网络联接通道，提高信息保障能力。

（六）加强对会展的协调服务

探索组建株洲市会展行业协会，积极发挥行业协会作用，切实加强行业协调。优化部门审批流程，对会展举办单位进行会展备案提供"一站式"服务。建立会展协调服务机制，形成会展主管部门和相关部门之间的合力，加强对招商招展、广告宣传、公共安全等事项的监管和服务。市会展办会同发改（物价）部门对全市场馆、宾馆价格进行统一指导。

（七）重视会展人才培养和引进

加大会展人才培养力度，鼓励我市高等院校、职业院校培养会展专业人才；引导会展机构与知名会展组织、高等院校开展合作，强化会展人才培训；积极引进会展策划师、会展设计师、会展项目经理等专业人才参与株洲会展项目运作和会展业发展的对策研究，努力解决专业会展人才短缺问题。

（八）加强对会展业的宣传推广

整合传统媒体与新兴媒体，充分发挥互联网、新媒体作用，以宣传我市经济社会发展优势和良好开放营商环境为重点，加大对我市会展业的各类发布会、推介会，特别是轨道交通国际峰会、航空产业国际峰会、新能源汽车产业峰会、芦淞服饰文化节、醴陵陶瓷产业博览会等五张名片以及会展政策的宣传力度；与国内外重要媒体建立长期稳定的合作关系，采取开设网站、专栏等方式，宣传推介株洲会展项目和扶持政策。

贵阳市会展业"十三五"发展规划

一、"十二五"时期发展成果

2011年—2015年是我市会展业全面起步，会展硬件设施有效改善，项目运作水平大幅提升，行业影响力显著增强的重要时期。

（一）成立职能机构，出台有关政策

"十二五"时期，我市积极发展会展业，将其作为对外开放的重要平台和经济发展的重要抓手。为更好推动会展业发展，"十二五"初期，我市成立了由市长担任组长的会展经济发展领导小组，并成立了会展经济促进办公室，负责行业的日常管理工作；各区（市、县）也成立了会展经济促进办公室等机构，实行管理、服务一条龙。2013年底成立了市会展行业协会。

2010年—2011年，先后出台了《贵阳市会展业管理暂行办法》《贵阳市人民政府关于促进会展业发展的若干意见》《贵阳市支持会展业发展专项资金使用管理暂行办法》，每年财政预算3000万元作为会展业专项资金，用于培育本土会展项目、引进国内外知名会展项目等。对"生态文明贵阳国际论坛""中国（贵州）国际酒类博览会""贵阳大数据产业博览会暨全球大数据时代峰会"等大型会展项目，财政还另拨资金给予保障，支持力度每年近3亿元。

（二）制定专项规划，全面实现目标

2012年制订的《贵阳市会展业"十二五"发展规划（2012-2015）》明确了我市会展业发展的目标、主要任务和发展路径。到2015年，我市会展业发展的主要指标都超过了规划的要求，详见表1。

表1 贵阳会展业"十二五"主要指标完成情况

规划指标名称	2011年	2015年目标	2015年实际完成
展览面积（万平方米）	46	80-90	128
展会数量（场）	34	100	136
会议数量（场）	339	400	515
国际会议占比（％）	3.5	5	6
大型节庆（场）	4	5-8	18
大型赛事活动（场）	14	18-19	36
会展业综合效益（亿元）	7.2	17	144
会展企业数（家）	14	100	141
会展从业人员（人）	2000	20000	30000

（三）场馆等基础设施建设取得突破

贵阳国际会议中心、贵州国际会议中心、贵阳国际会议展览中心、贵阳国际生态会议中心、贵阳奥林匹克中心、贵阳西南国际商贸城博览中心、多彩贵州城相继投入使用;尤其是贵阳国际会议展览中心、贵阳国际生态会议中心的建成，从根本上解决了我市没有大型会展硬件设施的制约。近年，贵阳国际会议展览中心通过了ISO9001、ISO14001和OHSAS18001体系认证，获得3A级信用企业评价，荣获"十大会展场馆管理奖""中国十佳会展中心""中国会展标志性场馆"等奖项15项，场馆软件建设也取得突破。

贵广高铁、湘黔高铁、贵广高速、湘黔高速、厦蓉高速、沪昆高速、杭瑞高速等的开通，贵阳龙洞堡国际机场的扩容，宾馆床位从5万张增至10.6万张。基础设施建设的重大突破，有力地保障了会展经济的快速发展。

（四）自主培育与吸引外展取得成效

2011年始，我市相继培育了"生态文明贵阳国际论坛"（"生态论坛"）、"中国（贵州）国际酒类博览会"（"酒博会"）、"中国大数据产业峰会暨中国电子商务创新发展峰会"、"贵阳国际大数据产业博览会"（"数博会"）、"贵州绿色博览会·大健康医药产业博览会"（"绿博会"）、"中国·贵阳国际特色农产品交易会"（"农交会"）、"中国贵州国际绿茶博览会"（"茶博会"）、"贵阳国际汽车博览会"（"汽车展"）、"贵阳市房地产交易展示会"（"房交会"）、"中国（贵州）国际装备制造业博览会"（"制博会"）、"贵阳国际啤酒节"等一批在国内外享有一定知名度会展项目。

2015年，"酒博会"通过全球展览业协会（UFI）认证，还获"2015中国十佳品牌会展项目""中国品牌会展50强"。"贵阳国际啤酒节"获"2013中国节庆产业金手指奖·十大人气节庆"的殊荣。

同时，引进了"中国国内旅游交易会""中国国际广告节""全国图书交易博览会""台湾名品展""活力澳门推广周""中国核学会年会""中国科协年会""中国规划年会""中国材料大会""2015比利时国际烈性酒大奖赛""世界品牌博览会"等国内外知名展会，对促进我省我市相关产业发展、提升城市知名度、推进招商引资，加速发展、加快转型、推动新跨越，起到了积极的作用。

（五）发展势头迅猛，综合效益显著

2011年—2015年，全市共举办展会活动2339场次，展出面积400多万，参会、参展、观展人数达到1700多万人次，实现综合经济效益477.99亿元。"夏季会展名城"基础基本形成，会展经济成为促进经济社会发展的重要抓手。

得益于"数博会"的功效，我省、我市大数据产业从无到有，发展迅猛。2015年底，全省大数据产业规模总量快速提升，达到2011亿元，同比增长37.7%，阿里巴巴、百度、富士康、惠普、戴尔、微软、京东、360等国内外知名企业落户贵阳，实施了一批涉及高端制造、数据中心、大数据应用等领域的代表性项目。

"酒博会"作为我国档次最高、规模最大的专业盛会，在以本地产业为基础的同时，将会展与产业有机结合，促进我省建成了1000亿元酒工业产业园，实现了总产值过1000亿元的目标。还吸引了数十个国家和地区的来宾，对共同推动全球酒业发展，扩大国际合作空间等起到了不可替代的作用。

（六）会展业形成自己的特色与优势

"十二五"时期，我市会展业自身的特色和优势逐步形成，实现了会展业与主导产业紧密结合并相互促进的良好格局。各部门参与会展的积极性显著提高，会、展、节、赛等会展活动与商贸、文体、旅游业态有机融合，会展"生态圈""大氛围"基本形成。

我市优越的生态环境和夏季凉爽的气候，对举办会展活动具有强大的吸引力。随着我市西南交通枢纽地位的确立，贵阳成为会展活动新目的地的潜力正逐步释放。加之近年来我市经济的快速增长，也有力地带动了会展经济的发展。

（七）各项指标在全国排位不断提升

据中国会展经济研究会"中国城市展览业发展综合指数"排名显示，我市的排位从2014年全国140个城市中的第37位上升到2015年164个城市中的第25位。

2011年—2015年，我市举办展总面积在的排名逐年上升。

"十二五"期间，我市办展数量和展出面积的年增长率分别为109.52%和40.95%，均位列全国省会城市第1名。

此外，我市还获得"十佳会议目的地城市""十佳会奖旅游城市""十佳品牌会展城市"等奖项41项。

二、"十三五"发展环境分析

全国经济社会发展的大背景、大形势构成我市会展业"十三五"时期发展的大环境。

（一）新理念新常态与会展经济

"创新、协调、绿色、开放、共享"是"十三五"时期的新理念，"经济新常态"和"供给侧改革"对我国会展业发展具有重要指导意义。

（二）国务院出台行业发展意见

《国务院关于进一步促进展览业改革发展的若干意见》（国发〔2015〕15号）明确，展览业是构建现代市场体系和开放型经济体系的重要平台，要进一步发挥其在稳增长、促改革、调结构、惠民生中的作用，更好地服务于国民经济和社会发展全局。

按照国务院要求，到2020年展览业要基本建成结构优化、功能完善、基础扎实、布局合理、发展均衡的展览业体系；要实现发展环境日益优化，市场化水平显著提升，国际化程度不断提高；要促进展览业向市场化、专业化、国际化、品牌化、信息化方向发展；努力推动我国从展览业大国迈向展览业强国。

（三）省会展业"十三五"规划

《贵州省会展业"十三五"发展规划》指出，以贵阳市为龙头，我省已形成一批特色鲜明、规模较大、可持续发展的优势品牌会展项目。并明确贵阳市要建设成为在西南地区有影响力、在国内会展业中有大特色、在国际合作中有认知度的重要会展城市。

（四）贵阳创新型城市发展方向

打造创新型中心城市，是我市"十三五"时期的主旋律。按照《贵阳市国民经济和社会发展第十三个五年规划纲要》的部署，围绕打造"中国夏季会展名城""全国生态会展名城"的战略定位，积极培养和打造服务生产发展的专业品牌会展项目，发展特色品牌展会。吸引和鼓励具有国内国际影响力、带动性强的会展企业将重大会议、展览、节庆落户贵阳。

三、发展目标

（一）指导思想

以"创新、协调、绿色、开放、共享"发展理念和《国务院关于进一步促进展览业改革发展的若干意见》（国发〔2015〕15号）为指引，以大数据为引领，加快打造创新型中心城市，实现弯道取直、后发赶超的战略部署，统筹布局全市会展设施，充分发挥各区（市、县）优势，实现产业融合发展，促进会展业的大步提升。

（二）战略定位

依托生态、气候、大数据等优势，高效发挥会展业对外开放的重要平台作用和推动经济发展的重要抓手作用，助推打造创新型中心城市。在巩固"夏季会展名城"的基础上，把我市打造成为"全国生态会展名城"，建成"国际会议目的地城市"；跻身全国会展城市中前列。

（三）基本原则

坚持政府引导与市场运作相结合，坚持对外合作与内力驱动相结合，坚持业态创新与融合发展相结合，坚持重点扶植和全面推进相结合，坚持产业服务与民生共享相结合。

（四）主要指标

1.量化指标

总体指标：按照中国会展经济研究会"全国城市展览业发展综合指数"的同比口径，2020年进入全国省会城市前15位。

其他指标：见下表2。

表2 贵阳市会展业"十三五"规划主要分项指标

规划指标名称	2015年	规划目标（2020年）
展览面积（万平方米）	128	200
展览数量（场）	136	200
会议数量（场）	515	1000
国际会议占比（%）	6	6.5
大型节庆（场）	18	25
大型赛事活动（场）	36	50
会展业综合效益（亿元）	144	230-240
会展企业数（家）	141	200

会展从业人员（人）	30000	70000

2.扶持培育一批品牌项目

（1）生态文明贵阳国际论坛

（2）中国（贵州）国际酒类博览会

（3）贵阳国际大数据产业博览会暨全球大数据产业峰会

（4）贵州绿色博览会·大健康医药产业博览会

（5）全球创客博览会

（6）中国·贵阳国际特色农产品交易会

（7）中国（贵阳）教育产业博览会

（8）贵阳国际汽车展览会暨汽车文化节

（9）贵阳市房地产交易展示会

（10）中国（贵州）国际装备制造业博览会

（11）中国·贵阳国际啤酒节

（12）中国（贵州）国际民族民间工艺品文化产品博览会

（13）中国贵州人才博览会

（14）中国（贵阳）国际新能源汽车博览会暨贵阳国际汽车"四新"发展峰会

（15）中国—东盟教育交流周

（16）中国会展业（贵阳）论坛

（17）贵阳国际马拉松赛

（18）贵阳国际山地自行车邀请赛

（19）贵阳农业嘉年华

以城市创新、军转民、少数民族、脱贫攻坚等为由头，开发新的会展项目；着力策划、打造、升级旅游类、茶业类、医药类、水资源类、石材类、建材类、动漫类、农机类等展览和会议项目；以"天眼"工程建设为契机，策划相应的国际研讨会和展览项目。

3.场馆设施协调发展

进一步完善贵阳国际会展中心周边配套；协同贵安新区建成的新场馆和双龙开发区在建的万国博览城项目，形成"三足鼎立、各具优势、互补协力"的局面，以承担大型、国际性、专业性展会为主。

多彩贵州城、贵阳西南国际商贸城博览中心、奥林匹克体育中心等，以举办展览展销、文体演艺和常年展示等活动为主。

会议设施继续以贵阳国际生态会议中心、金阳会议中心、贵州饭店国际会议中心、世纪金源酒店为主要依托，协调发展。

4.形成各具特色的布局

按照"疏老城、建新城"方针，推动各区（市、县）形成不同特色、形式多样、协调发展的会展活动布局。

"会"：以观山湖、云岩、南明等市区为主。

"展"：主要集中于观山湖区。

"节"：上述区域以外的区（市、县），结合各自区域特色发展节庆、赛事活动，并形成三个不同层次。

（1）配合当地旅游业发展，保持和改进一批具有原生态和民族特点的节庆活动项目。

（2）结合各地优势产业，开发特色节庆活动项目。息烽县葡萄节、清镇市猕猴桃节、农业嘉年华活动等项目要进一步提升品质。

（3）策划一批高层次、国际性、有吸引力、影响力的节庆活动项目。其中，围绕阳明文化、贵阳避暑季、温泉季等活动进行深度开发，是发展重点。

"赛"：积极引进国内外有影响的赛事活动，如中超联赛、拳击季等，鼓励引进战略合作者；大力支持本土自办的具有本地特色的赛事活动。

四、主要任务

（一）保持发展势头，全面提升行业水平

在《贵阳市会展业管理暂行办法》（筑府办发〔2011〕54号）和《贵阳市节庆活动管理规定（试行）》（2014年8月12日）的基础上，根据国发〔2015〕15号文件精神和当前形势，对《贵阳市人民政府关于促进会展业发展的实施意见》《贵阳市会展资金管理办法》《贵阳市会展业管理暂行办法》《贵阳市会展活动核查办法》等全面修改，创造优良的政策环境，提升行业管理水平。

发挥环境和政策优势，大力引进国内外知名度高、影响力大、产业关联性强的项目，并争取项目长期落地。主动承接或合办一批已在二三线城市举办、并具有一定知名度的会展项目落地，通过项目实施带动行业的全面提升。

"生态论坛""酒博会""数博会"等品牌项目，要持续注入新的市场活力，加大国际营销力度，提升国际化、专业化水平。根据全市会展业国际化水平提升状况，相机推动会展品牌项目、相关会展机构和场馆加入全球展览业协会（UFI）和国际大会与会议协会（ICCA）等国际组织。其他进入本《规划》"品牌会展"名录的项目，要尽快实现规模化发展，加大对外合作力度，使其快速成长壮大。

（二）发挥优势特色，打造生态会展名城

将生态优势进一步转化为促进会展业发展的有利条件，并均衡全年四季会展业资源供给，为会展业发展注入新动力。在继续打造和巩固"夏季会展名城"的基础上，打造"全国生态会展名城"，使之成为"夏季会展名城"的转型升级版。

（三）扶持品牌项目，培育规模以上企业

"数博会"要突出大数据、云计算、物联网等高新前沿特色，并带动

"中国（贵州）国际装备制造业博览会"（"制博会"）等项目上规模。

"酒博会"要与万国博览城建设相结合，采取"互联网+""众筹"等手段，促进展销结合、O2O结合。

"农业嘉年华活动""中国·贵阳国际特色农产品交易会"等项目，要力促建立电商平台，实现B2B、B2C互补。

"中国贵州绿色博览会·大健康医药产业博览会"要在"大健康""大数据"概念下，充分发挥贵州民族药、特色药的优势，不断挖掘价值，促进"医""养""健""管"方面取得突破。

"亚洲青年动漫与数字艺术大赛"要增加"大众创业、万众创新"内容，使其更具时尚性和吸引力。

积极鼓励会展企业学习先进国家和地区的经营理念，管理方式，多层次、多渠道开展合作，做大做强，向规模化方向发展。

（四）坚持改革引领，各施其职共谋发展

坚持市场化改革方向，培养会展业内生动力。按照"以体制机制创新激发市场主体活力和创造力"，"支持展览业市场化发展"的原则，在扩大对外合作的同时，加强学习与吸收，促进内在驱动力快速增长。

要全面落实简政放权的要求，简化会展业管理规章，简化会展项目审批手续，提供更为优质的政策与管理服务。

五、保障措施

（一）进一步加大扶持力度

市级会展专项扶持资金增至每年4500万元，主要用于品牌会展项目的打造，引进国内外展、会、赛、节项目，扶持本地自主创办的市场化会展项目，以及宣传推介和培训等；此外，建立一定额度的会展风险金，用于解决会展运作过程中出现的问题，使会展专项扶持资金更有效地发挥作用。

通过政策扶持，积极支持各区（市、县）发展会展业，加强会展活动的组织、协调和管理，实现市区联动、统筹协调、整体推进。

（二）充实各职能机构力量

市会展办要强化职能，增加人力，注重工作创新，积极发挥会展业的促进与引领职能，实现全市会展业"大统筹、大平台、大服务、大后勤"的格局。努力营造健康发展的有利环境，并结合招商引资任务及各时期工作重点，统筹好全市会展活动。

市直有关职能部门要继续做好所承担的政府主办的会展项目相关工作，支持政府会展项目通过服务外包等方式实现市场化运作。并积极对接国家各部办委和行业协会、学会等办展办会机构，适时引进相关行业的展会活动项目来筑举办。

各区（市、县）政府要高度重视会展经济工作，加强指导，充实力量，强化会展办职能，推动会展业的全面发展。

市会展行业协会要不断充实，要适时建立行业服务标准评定认证制，开展行业资质评估和展览、会议项目评估。打造行业宣传、统计、培训公共平台，实现信息发布、咨询服务、沟通协调等职能。要积极学习其他城市会展协会的经验，加强行业自律，规范经营行为，引导行业健康有序发展。

探索成立市博览事务局的可行性。

（三）建立市际联席会议制

依照《国务院关于同意建立促进展览业改革发展部际联席会议制度的批复》（国函〔2015〕148号）的精神，建立市际联席会议制，定期组织商务、发展改革、教育、科技、公安、财政、海关、税务、工商、质检、新闻出版广电、统计、知识产权、贸促、综合执法等市级职能单位及场馆所在辖区政府、社区的分管领导，行业协会及会展企业负责人，统筹协调和深入推进促进会展业改革发展的主要工作，提高便利化水平和服务水平，解决发展中存在的问题。

（四）多渠道助力企业壮大

要构建公平有序的行业发展秩序，推行会展项目备案制，方便企业举办会展活动。

要推动实施政府举办的展会项目服务外包，放宽市场准入条件，着力培育市场主体，将本土会展企业作为重点培养和扶持对象。加强专业化分工，拓展市场空间和会展企业的发展空间。

要鼓励会展企业积极创新，加强管理、提高素质，做大、做强、做专、做特，增强竞争力。特别要注重培养会展龙头企业，鼓励会展企业间建立战略联盟和各种形式的资本运作。

要健全会展业产业链，并给予关联企业同等待遇。

（五）利用全媒体做好宣传

加强会展业宣传推广，要通过全国和本地主流媒体，加大重点会展项目的宣传报道力度，支持媒体开辟会展专栏；办好会展官方网站和微信公众号，定期制作专门的宣传推介材料；在城市整体宣传中增加会展方面的内容。

要积极参加国际、国内以及区域性的会展界重要活动，并在活动中积极树立"全国生态会展城市"形象。加大、加重在《中国会展》《中外会展》《会展财富》《中国会议》等会展主流媒体的报道和宣传，要持续举办"中国会展业（贵阳）论坛"，营造自身的宣传推介平台，会展业扶持资金要向这方面倾斜。

（六）有计划培育会展人才

要重视会展人力资源的教育与培训，壮大会展人才队伍，提升从业人员水平。要鼓励我市开设会展专业（方向）的院校按市场需求积极培养技能型、应用型、复合型会展人才。优化课程设置，使之能够适应实战的需要。加强政产学研结合，构建会展人才的实践教学基地。

推动落实人才引进政策，鼓励外阜会展人才来筑发展或开展各种形式的合作。

（七）采用新技术助推发展

充分利用我市互联网、大数据等资源优势，借助"数博会""众筹大会""电竞大赛"等有益氛围，结合会展项目实际情况，广泛采用互联网、移动端、微信公众号等手段宣传推广我市会展业，促使会展业通过"互联网+""智能会展""智慧会展"实现"借势腾飞"。会展业扶持资金要可适当向这方面倾斜。

展览业统计监测报表制度

中华人民共和国商务部制定

中华人民共和国国家统计局批准

2016 年 11 月

本报表制度根据《中华人民共和国统计法》的 有关规定制定

　　《中华人民共和国统计法》第七条规定：国家机关、企业事业单位和其他组织以及个体工商户和个人等统计调查对象，必须依照本法和国家有关规定，真实、准确、完整、及时地提供统计调查所需的资料，不得提供不真实或者不完整的统计资料，不得迟报、拒报统计资料。

　　《中华人民共和国统计法》第九条规定：统计机构和统计人员对在统计工作中知悉的国家秘密、商业秘密和个人信息，应当予以保密。

一、总说明

1. 为贯彻落实《国务院关于进一步促进展览业改革发展的若干意见》（国发〔2015〕15 号）精神，全面、准确、及时地反映我国展览业发展状况，为各级政府部门制定展览业发展政策和发展规划，加强宏观管理提供决策参考,依据《中华人民共和国统计法》，特制定本制度。

2. 展览业是指从事为商品流通、促销、展示、经贸洽谈、民间交流、企业沟通、国际往来而举办展会活动的行业。

3. 本制度统计对象为从事展览业及相关经济活动的企业（单位），包括展览会组织单位，展馆和展览服务商。

4. 本制度展览会统计范围是，在展览馆里举办的以产品、技术、服务的展示、参观、洽谈、投资、贸易和信息交流为主要目标的，由多人参与的群众性活动。各类人才招聘会、画展、节庆活动等举办地点不固定的，不在本制度统计范畴内。本制度基于《国民经济行业分类与代码》（GB/T4754-2011），结合我国展览会向产业链上下游纵深发展的趋势，对展览会题材进行了科学分类。

5. 本制度统计报表由基本信息表、项目表和财务经营情况表组成，其中项目表为月度和实时报送，其他统计报表为年度报送。《展览活动单位基本情况表》为基本信息表，反映企业单位的登记注册及相关资质等信息；《境内展览会项目举办情况表》和《展览场馆举办展览情况快报表》为项目表，及时反映举办展览会项目规模、参展参会企业等相关情况；《展览组织单位经营情况表》、《展览场馆经营情况表》、《展览服务企业经营情况表》为财务经营情况表，反映展览活动单位财务经营状况。

6. 本制度适用于各地商务主管部门、行业协会、贸促会、会展办、展览活动单位（企业）。上述部门、单位和企业必须按照《中华人民共和国统计法》及本制度的规定，提供统计资料，不得虚报、瞒报、拒报、迟报，不得伪造和篡改。

7. 本制度本着重点突出、先粗后细的原则，在制度运行初期，建立重点联系企业（单位）制度，将重点调查和全面调查相结合。针对《展览组织单位经营情况表》和《展览场馆经营情况表》，分别设计了简化版本。选择重点联系企业（单位）按照全口径统计报表进行统计，非重点联系企业（单位）按照简化版的统计报表进行统计。其中，重点联系企业（单位）在行业、业态、规模、地域和企业类型等方面都具有代表性和稳定性。重点联系企业（单位）的选取由各市级商务主管部门和相关行业协会推荐，经各省级商务主管部门汇总审核后报商务部同意，所有被选定的企业纳入商务部重点联系监测企业（单位）之列。

8. 地方各级商务主管部门、接受委托的相关行业协会和展览活动企业单位应按本制度的规定，做好统计数据的报送和分析工作。地方市级商务主管部门负责组织、督促当地展览活动企业单位及时、准确地上报统计数据。地方省级商务主管部门对各地上报的统计数据进行搜集、整理、审核、汇总，并将统计结果和分析报告报送商务部。

9. 为提高统计工作效率，降低统计数据的差错率，企业单位通过"展览业管理信息系统"进行网上直报。

10. 商务部对各省级商务主管部门报送的统计数据进行核查，以保证行业统计数据的准确性和严肃性。商务部对统计数据定期进行检查和评估。

11. 对外公开发布和提供行业统计资料，应确保国家机密和企业商业机密，地方商务主管部门和相关行业协会应严格按照《中华人民共和国统计法》及其实施细则和国家有关规定执行。

12. 本制度由商务部制定，经国家统计局审核批准。本制度自 2016 年 12 月起施行。现有商贸服务典型企业统计报表制度项下的典型会展单位经营情况统计表自此制度生效之日起停止。

二、报表目录

表号	表名	报告期别	填报范围	报送单位	报送日期及方式	页码
展览单位情况1表	展览活动单位基本情况表	年报	展览组织单位、展馆企业、展览服务企业	企业直报商务部，地方商务主管部门负责组织、督报和初步审核	年后2月28日前网络直报	7
展览组织经营2表	展览组织单位经营情况表	年报	重点联系的展览组织单位	企业直报商务部，地方商务主管部门负责组织、督报和初步审核	年后2月28日前网络直报	8
展览组织经营2表（简）	展览组织单位经营情况（简化版）	年报	非重点联系的展览组织单位	企业直报商务部，地方商务主管部门负责组织、督报和初步审核	年后2月28日前网络直报	9
展会项目情况3表	境内展览会项目举办情况表	实时	展览组织单位	企业直报商务部，地方商务主管部门负责组织、督报和初步审核	展览会闭幕后30日内网络直报	10
展馆举办展览4表	展览场馆举办展览情况快报表	月报	展馆企业	企业直报商务部，地方商务主管部门负责组织、督报和初步审核	每月10日前网络直报	11
展馆企业经营5表	展览场馆经营情况表	年报	重点联系的展馆企业	企业直报商务部，地方商务主管部门负责组织、督报和初步审核	年后2月28日前网络直报	12
展馆企业经营5（简）	展览场馆经营情况表（简化版）	年报	非重点联系的展馆企业	企业直报商务部，地方商务主管部门负责组织、督报和初步审核	年后2月28日前网络直报	13
展览服务经营6表	展览服务企业经营情况表	年报	展览服务企业	企业直报商务部，地方商务主管部门负责组织、督报和初步审核	年后2月28日前网络直报	14

三、调查表式

（一）展览活动单位基本情况表

表　　号：展览单位情况1表
制定机关：商务部
批准机关：国家统计局
批准文号：国统制[2016]143号
有效期至：2017年11月

组织机构代码：
统一社会信用代码：

20　年

01 单位名称			
02 单位地址		03 邮政编码	
04 联系方式	电话：	传真：	邮箱：
05 工商注册时间	年　月	06 注册资本（万元）	
07 法人代表（或负责人）		08 运营总部所在地	
09 登记注册类型	□ 110 国有企业　　□ 120 集体企业　　　　　□ 140 联营企业 □ 170 私营企业　　□ 200 港澳台商投资企业　□ 300 外商投资企业 □ 其他（　）		
10 展览业务范围（可多选）	□ 以举办展览会为主　　□ 以提供会展场馆为主　□ 以提供会务展务为主 □ 以提供展台设计搭建服务为主　　　　　□ 以提供展品物流服务为主		
11 控股情况	□ 国内资本控股　　□ 港澳台商控股　　　　□ 外商控股 □ 内资与境外资本各占50%		
12 上市情况（限企业填报）	是否上市：□是　　　□否 上市地点（如上市地点多个，请复选） □ 01深交所主板　　□ 02上交所　　□03深交所创业板　□04新三板 □ 05深交所中小板　□ 06香港　　　□07其他（　　　　）		
13 获得相关认证情况			

单位负责人：　　　填表人：　　　联系电话：　　　报出时间：20　年　月　日

填报说明：

　　1.本表由展览组织单位、展馆企业、展览服务企业填报,由各地商务主管部门负责督报。

　　2.报送时间为年后2月28日前。

　　3.本表报送方式为网络直报。

　　4.有关指标统计口径请见附件主要指标解释。

（二）展览组织单位经营情况表

表　　号：展览组织经营2表
制定机关：商务部
批准机关：国家统计局
批准文号：国统制[2016]143号
有效期至：2017年11月

单位名称：
组织机构代码：
统一社会信用代码：

20　年

指标名称	计量单位	代码	本年实际
甲	乙	丙	1
举办展览会总数量	个	01	
举办展览会总面积	平方米	02	
其中：室内面积	平方米	03	
室外面积	平方米	04	
展览活动营业收入	万元	05	
其中：涉外收入	万美元	06	
展览活动营业成本	万元	07	
其中：涉外支出	万美元	08	
增值税及附加	万元	09	
三项费用（销售、管理、财务）合计	万元	10	
其中：销售费用	万元	11	
管理费用	万元	12	
财务费用	万元	13	
营业利润	万元	14	
从业人员数	人	15	
从业人员劳动报酬	万元	16	

单位负责人：　　填表人：　　　联系电话：　　　　　　报出时间：20　年　月　日

填报说明：

　　1.本表由展览组织单位企业填报，由各地商务主管部门负责督报。如展馆企业举办展览会，亦须作为展览组织单位填报此表，其统计数据应与其作为展会举办场所的数据进行区分。

2.有关指标统计口径请见附件主要指标解释。

3.涉外收支指的是展览组织单位在中国境内向其他国家或地区企业收取或支付的展览服务费用（包括展位租赁、搭建等与展览服务直接相关的费用）。如为非美元货币，需按实时汇率统一折算为美元。

4.本表为年报，报送时间为年后2月28日前。

5.本表报送方式为网络直报。

（三）展览组织单位经营情况表（简化版）

表　　号：展览组织经营2表（简）
制定机关：商务部
单位名称：
组织机构代码：
统一社会信用代码：
批准机关：国家统计局
批准文号：国统制[2016]143号
有效期至：2017年11月

20　年

指标名称	计量单位	代码	本年实际
甲	乙	丙	1
举办展览会总数量	个	01	
举办展览会总面积	平方米	02	
其中：室内面积	平方米	03	
室外面积	平方米	04	
展览活动营业收入	万元	05	
其中：涉外收入	万美元	06	
展览活动营业成本	万元	07	
其中：涉外支出	万美元	08	
从业人员数	人	09	

单位负责人：　　　填表人：　　　联系电话：　　　报出时间：20　年　月　日

填报说明：

1.本表由展览组织单位企业填报，由各地商务主管部门负责督报。如展馆企业举办展览会，亦须作为展览组织单位填报此表，其统计数据应与其作为展会举办场所的数据进行区分。

2.有关指标统计口径请见附件主要指标解释。

3.涉外收支指的是展览组织单位在中国境内向其他国家或地区企业收取或支付的展览服务费用（包括展位租赁、搭建等与展览服务直接相关的费用）。如为非美元货币，需按实时汇率统一折算为美元。

4.本表为年报，报送时间为年后2月28日前。

5.本表报送方式为网络直报。

（四）境内展览会项目举办情况表

单位名称：
组织机构代码：
统一社会信用代码：

表　　号：展会项目情况3表
制定机关：商务部
批准机关：国家统计局
批准文号：国统制[2016]143号
有效期至：2017年11月

20　年

一、基本情况				
01 展览会名称				
02 举办时间	年 月 日至 月 日，共　　天		03 举办周期	
04 举办城市			05 所在展馆	
06 主办单位			07 主办单位类型	（同登记注册类型）
08 承办单位			09 展览类别	
10 举办类型	□ 面向普通消费者　□ 仅面向专业观众　□ 部分时间面向专业观众，　　天			
11 展位价格	标准展位：　　　　元/个（规格：□ 3米×3米，□ 3米×4米，□ 3米×2米） 光　地：　　　　元/平方米			
12 展览总面积（平方米）			13 展览净面积（平方米）	

二、规模结构				
项目	境内	在华投资	境外	合计
14 参展商数量（家）				
15 观众人次（人次）				
16 专业观众人数（人）				
17 境外参展商构成：	国家或地区	参展商数量（家）	展览净面积（平方米）	
	国家A			
	国家B			

三、经营情况	
18 展会经营收入（万元）	
19 其中：涉外收入（万美元）	
20 展会经营成本（万元）	
21 其中：涉外支出（万美元）	

单位负责人：　　　填表人：　　　联系电话：　　　报出时间：20 年 月 日

填报说明：

　　1.本表由展览组织单位填报,由各地商务主管部门负责督报。如展馆企业举办展览会，亦须作为展览组织单位填报此表，其统计数据应与其作为展会举办场所统计的数据进行区分。

　　2.有关指标统计口径请见附件主要指标解释。

　　3.涉外收支指的是展览组织单位在中国境内向其他国家或地区企业收取或支付的展览服务费用（包括展位租赁、搭建等与展览服务直接相关的费用）。如为非美元货币，需按实时汇率统一折算为美元。

　　4.本表报送方式为网络直报。

　　5.报送时间为展览会闭幕后30日内。

（五）展览场馆举办展览情况快报表

表　　号：展馆举办展览4表
制定机关：商务部
批准机关：国家统计局
批准文号：国统制[2016]143号
有效期至：2017年11月

单位名称：
组织机构代码：
统一社会信用代码：

20 　年　　月

指标名称	计量单位	代码	本月实际
举办展览会总数量	个	01	
其中：大型展会	个	02	
举办展览会总面积	平方米	03	
其中：室内面积	平方米	04	
室外面积	平方米	05	
月度展馆出租率	%	06	

单位负责人：　　　填表人：　　　联系电话：　　　　报出时间：20 年 月 日

备注：

　　1.本表由展馆企业填报，由各地商务主管部门负责督报。

　　2.本表为月报报送，展馆企业于每月10日前将上月份的展会情况在网上申报。

　　3.指标解释：

　　（1）大型展会：指展出总面积在1万平方米以上的展览会。其中，展览总面积指的是展览组织单位租赁展馆室内外并实际用于展览活动的所有场地面积，不含单独租赁的会议室、办公区和仓储区的面积。

　　（2）月度展馆出租率=∑（各次展览室内租用面积×租用天数）展馆室内可供展览面积×30天

　　（3）举办展览的数量和面积包括展馆自办和提供租赁场地的展览会。

（六）展览场馆经营情况表

表　　号：展馆企业经营5表
制定机关：商务部

单位名称：
组织机构代码：
统一社会信用代码：

批准机关：国家统计局
批准文号：国统制[2016]143号
有效期至：2017年11月

20　年

一、·基本情况				
01 建筑总面积（平方米）			02 展馆建成时间	
03 可供展览室外面积（平方米）				
05 最大单个展厅面积（平方米）				

二、接、办展览会信息				
序号	06 接、办展览会名称	07 举办时间	08 展览室内面积（平方米）	09 展览室外面积（平方米）	10 展览总面积（平方米）
1		年月日至　年月日			

三、经营情况			
指标名称	计量单位	代码	本年实际
甲	乙	丙	1
年展馆出租率	%	11	
展览活动营业收入	万元	12	
其中：涉外收入	万美元	13	
展览活动营业成本	万元	14	
其中：涉外支出	万美元	15	
增值税及附加	万元	16	
三项费用（销售、管理、财务）合计	万元	17	
其中：销售费用	万元	18	
管理费用	万元	19	
财务费用	万元	20	
营业利润	万元	21	
从业人员数	人	22	

续表

三、经营情况			
指标名称	计量单位	代码	本年实际
从业人员劳动报酬	万元	23	

单位负责人：　　填表人：　　联系电话：　　　　　报出时间：20　年　月　日

填报说明：

　　1.本表由展馆企业填报，由各地商务主管部门负责督报。

　　2.有关指标统计口径请见附件主要指标解释。

　　3.涉外收支指的是展馆企业在中国境内向其他国家或地区企业收取或支付的展览服务费用（包括展位租赁、搭建等与展览服务直接相关的费用）。如为非美元货币，需按实时汇率统一折算为美元。

　　4.本表为年报，报送时间为年后2月28日前。

　　5.本表报送方式为网络直报。

（七）展览场馆经营情况表（简化版）

表　　号：展馆企业经营5表（简）
制定机关：商务部
单位名称：
组织机构代码：
统一社会信用代码：
批准机关：国家统计局
批准文号：国统制[2016]143号
有效期至：2017年11月

20　年

一、基本情况			
01 建筑总面积（平方米）		02 展馆建成时间	
03 可供展览室外面积（平方米）		04 可供展览室内面积（平方米）	
05 最大单个展厅面积（平方米）			

二、接、办展览会信息				
序号	06 接、办展览会名称	07 举办时间	08 展览室内面积（平方米）	09 展览室外面积（平方米）	10 展览总面积（平方米）
1		年月日至 年月日			
2		年月日至 年月日			

三、经营情况			
指标名称	计量单位	代码	本年实际
甲	乙	丙	1
年展馆出租率	%	11	
展览活动营业收入	万元	12	
其中：涉外收入	万美元	13	
展览活动营业成本	万元	14	
其中：涉外支出	万美元	15	
从业人员数	人	16	

单位负责人：　　填表人：　　联系电话：　　报出时间：20　年　月　日

填报说明：

　　1.本表由展馆企业填报，由各地商务主管部门负责督报。

　　2.有关指标统计口径请见附件主要指标解释。

3.涉外收支指的是展馆企业在中国境内向其他国家或地区企业收取或支付的展览服务费用（包括展位租赁、搭建等与展览服务直接相关的费用）。如为非美元货币，需按实时汇率统一折算为美元。

4.本表为年报，报送时间为年后2月28日前。

5.本表报送方式为网络直报。

（八）展览服务企业经营情况表

表　　号：展览服务经营6表
制定机关：商务部
批准机关：国家统计局
批准文号：国统制[2016]143号
有效期至：2017年11月

单位名称：
组织机构代码：
统一社会信用代码：

20　　年

指标名称	计量单位	代码	本年实际
甲	乙	丙	1
服务展览会总数量	个	01	
服务展览总面积	平方米	02	
展览活动营业收入	万元	03	
其中：涉外收入	万美元	04	
展览活动营业成本	万元	05	
其中：涉外支出	万美元	06	
增值税及附加	万元	07	
三项费用（销售、管理、财务）合计	万元	08	
其中：销售费用	万元	09	
管理费用	万元	10	
财务费用	万元	11	
营业利润	万元	12	
从业人员数	人	13	
从业人员劳动报酬	万元	14	

单位负责人：　　填表人：　　　　联系电话：　　　　　报出时间：20　年　月　日

填报说明：

1.本表由展览服务企业填报，由各地商务主管部门负责督报。

2.有关指标统计口径请见附件主要指标解释。

3.涉外收支指的是展览服务企业在中国境内向其他国家或地区企业收取或支付的展览服务费用。如为非美元货币，需按实时汇率统一折算为美元。

4.本表为年报，报送时间为每年2月28日前。

5.本表报送方式为网络直报。

四、主要指标解释

单位名称：企业的详细名称按工商部门登记的名称填写，填写时要求与单位公章所使用的名称完全一致。凡经登记主管机关核准或批准，具有两个或两个以上名称的单位，要求填写一个法人单位名称，同时用括号注明其余的单位名称。

统一社会信用代码：指根据国家标准委发布的强制性国家标准《法人和其他组织统一社会信用代码编码规则》，用 18 位的阿拉伯数字或大写英文字母表示，由登记管理部门代码（1位）、机构类别代码（1 位）、登记管理机关行政区划码（6 位）、主体标识码（组织机构代码）（9 位）和校验码（1 位）5 个部分组成，作为法人和其他组织的"数字身份证"。拥有统一社会信用代码的单位，请优先填写社会信用代码。

组织机构代码：指根据中华人民共和国国家标准《全国组织机构代码编制规则》(GB11714-1997)，由组织机构代码登记主管部门给每个企业、事业单位、机关、社会团体和民办非企业颁发的在全国范围内唯一的、始终不变的法定代码。单位代码共 9 位，无论是法人单位还是产业活动单位，单位代码均由八位无属性的数字和一位校验码组成。

展览组织单位：是指策划、运营展览会，设立展览会收支账户，拥有并对展览活动承担主要责任的组织。既可以是主办单位，也可以是承办单位。（如由两个或以上的单位合作举办的展会，作为本制度的填报主体之一，展览组织单位特指占项目权益比例 50% 以上的单位；如合办方权益比例相同的，或有多个合办方的，由合办方协商确定一个单位负责承担统计和申报责任，其他合办方一律不再重复申报。）

展馆企业：指拥有一定规模的展览场地（以举办展览活动为主要功能的永久性建筑物），具有为展览会提供配套服务的功能，并配置规范服务和管理的专业人员的单位。

展览服务企业：是指为展览会提供服务的组织。经营范围涉及展台设计搭建、展品运输、现场会务服务，不含展览主办单位、展馆企业、金融保险、餐饮酒店及旅行社等相关产业单位。

（一）"表1.展览活动单位基本情况表"指标解释

登记注册类型：按企业（单位）在工商行政管理机关登记注册的类型填写，将企业（单位）登记注册类型主要分为：国有企业、集体所有制企业、联营企业、私营企业、港澳台商投资企业、外商投资企业、行业商（协）会、党政机关、事业单位等。

（1）国有企业：指企业全部资产归国家所有，并按《中华人民共和国企业法人登记管理条例》规定登记注册的非公司制的经济组织。不包括有限责任公司中的国有独资公司。

（2）集体企业：指企业资产归集体所有，并按《中华人民共和国企业法人登记管理条例》规定登记注册的经济组织。

（3）联营企业：两个及两个以上相同或不同所有制性质的企业法人或事业单位法人，按自愿、平等、互利的原则，共同投资组成的经济组织称为联营企业。联营企业包括国有联营企业、集体联营企业、国有与集体联营企业和其他联营企业。

（4）私营企业：由自然人投资设立或由自然人控股，以雇佣劳动为基础的营利性经济组织称为私营企业。包括按照《公司法》、《合伙企业法》、《私营企业暂行条例》以及《个人独资企业法》规定登记注册的私营独资企业、私营有限责任公司、私营股份有限公司、私营合伙企业和个人独资企业。

（5）港澳台投资企业：包括与港澳台商合资经营企业、与港澳台商合作经营企业、港澳台商独资经营企业、港澳台商投资股份有限公司。

（6）外商投资企业：包括中外合资经营企业、中外合作经营企业、外资企业、外商投资股份有限公司。

控股情况：根据企业实收资本中某种经济成分的出资人的实际投资情况，分为国内资本控股、港澳台商控股、外商控股、内资与境外资本各占50%等四种类型。

上市情况：指企业通过证券交易所首次公开向投资者增发股票，以期募集用于企业发展资金的过程。包括主板、中小板、创业板、新三板等。

获得认证情况：指 ISO9001 质量管理体系、ISO14001 环境管理体系、OHSAS18001职业安全卫生管理体系、UFI 认证及其他展览业务相关认证。

运营总部所在地：指展览活动单位总部所在的城市，如为外资企业，还需填写所在国家。

（二）"表2.展览组织单位经营情况表"指标解释

展览活动营业收入：指展览活动单位（企业）从事展览会相关劳务服务或商品销售等日常经营业务过程中所形成的经济利益的总流入。

展览活动营业成本：指展览活动单位（企业）从事展览会相关劳务服务或商品销售的成本。

涉外收入（支出）：指展览活动单位（企业）在经营收入和经营支出中涉及境外企业及其境内分支机构相关展览服务的交易金额，包括展览、会务服务，以及展位租赁费用。如为非美元货币，需按实时汇率统一折算为美元。

增值税及附加：企业经营活动发生的增值税、城市维护建设税、资源税和教育费附加等相关税费。

营业利润：指展览业活动单位（企业）在销售商品、提供劳务等日常活动中所产生的利润，即主营业务利润加其他业务利润扣除管理费用、财务费用后的净额。

从业人员数：指展览业活动单位（企业）上年末从业人员数量。

从业人员劳动报酬：指展览业活动单位（企业）在一个自然年度内直接支付给本单位全部职工的基本工资和各项福利费总额。

(三)"表3.境内展览会项目举办情况表"指标解释

展览会：指在展馆里举办的，以产品、技术、服务的展示、参观、洽谈、投资贸易和信息交流为主要目标的，有多人参与的群众性活动。各类人才招聘会、画展、节庆活动等举办地点不固定的，不在本制度统计范畴内。

展览主办单位：指策划、运营展览会，拥有并对展览活动承担主要责任的组织。

展览承办单位：指受主办单位委托，承担、协助、参与展览会策划或运营的组织。

举办城市：展览会举办所在省份和城市。

举办类型：指面向普通消费者、仅面向专业观众和部分时间面向专业观众三种类型，通过对参加展览会观众类型的划分反映展览会的功能定位。

展览类别：展览会展品类别涉及的主要行业及领域，本统计制度下展览会类别以《国民经济行业分类与代码(GB/T4754—2011)》为参考，充分借鉴国际展会分类经验，并结合我国展览会向产业链上下游纵深发展的趋势，共设一级科目15个大类，二级科目80个小类。（详见附录）

展位价格：指展览会对外销售的展位报价，分为标准展位价格（含简易特装）和光地价格两种类型，如标准展位因不同位置有多种价格，取平均值。标准展位的规格包含3m×3m，3m×4m，3m×2m等主要类型。

展览总面积：展览组织单位租赁展馆室内外并实际用于展览活动的所有场地面积，不含单独租赁的会议室、办公区、仓储区的面积。

展览净面积：参展商根据参展合同有偿使用的展台面积总和，赠送展台以及主办方的展台不在统计之列。

参展商数量：签订参展合同，履行合同义务，拥有展台使用权，展示产品、技术和服务的单位数量。

境内参展商：注册地在中华人民共和国境内的参展商，外商独资企业除外。

在华投资企业：在中华人民共和国境内投资设厂的外资企业。

境外参展商：注册地在中华人民共和国境外的参展商。

观众人次：观众参观总数，包括可计入的重复参观次数。

专业观众人数：展览会期间，出于收集信息、采购洽谈、联络参展商等专业或商业目的参加展览会的观众数量，多次观展只能被计入一次。

专业观众占比：专业观众人数占观众总人数比例。

境外观众：登记且有效的通信地址或身份证明为境外的观众。

境外观众占比：境外观众人数占观众总人数比例。

展览会经营收入：主要包括展览会主、承办单位收取参展商的参展费和展览会门票销售、广告赞助等销售收入。

展览会经营成本：包括举办展览会所需的直接费用支出，包括展馆租金、搭建会务、招商招展、宣传、差旅等费用，不包含人员劳动报酬和日常办公费用。

涉外收入（支出）：指展览组织单位在中国境内向其他国家或地区企业收取或支付的展览服务费用（包括展位租赁、搭建等与展览服务直接相关的费用）。如为非美元货币，需按实时汇率统一折算为美元。

(四)"表4.展览场馆举办展览情况快报表"指标解释

举办展览的数量和面积：包括展馆自办和提供租赁场地的展览会。

大型展会：指展览展出的面积（包括室外面积）在1万平米以上的展览会。

月度展馆出租率：在一个自然月度内,展馆实际出租的室内面积总和与其可供出租的室内面积总和的百分比。计算方法：

$$\frac{\Sigma（各次展览室内租用面积 \times 租用天数）}{展馆室内可供展览面积 \times 30天}$$

(五)"表5.展览场馆经营情况表"指标解释

展馆：以举办展览活动为主要功能的永久性建筑物，其名称可以是会展中心、展览中心、博览中心、展览馆等。

可供展览面积：指举办展览活动的固定场所的面积，包括室内、室外展馆面积和其他附属设施面积，不包括对外出租的店铺、办公面积、会议室面积。

接、办展览会数量：指同一展馆在一个自然年度内，接展和自办展数量的总和。

接、办展览会总面积：指同一展馆在一个自然年度内，接展和自办展实际用于展览活动的所有场地面积。

展馆接办展览会信息：指一个自然年度内展馆接展和自办展览会项目的信息清单，内容包括展览会的名称、举办日期和展览总面积。

年展馆出租率：在一个自然年度内,展馆实际出租的室内面积总和与其可供出租的室内面积总和的百分比。计算方法：实际租用室内面积与展出天数的加权总和，除以展馆室内"可供展览面积"与365天的乘积，为展馆的年出租率（%）。公式如下：

$$\frac{\Sigma（各次展览室内租用面积 \times 租用天数）}{展馆室内可供展览面积 \times 365天}$$

展览活动营业收入：指一个自然年度内展馆通过租赁方式所得的收入，不包括出租写字楼的收入。

展览活动营业成本：指一个自然年度内展馆日常经营所需的全部费用支出。

涉外收入（支出）：指展览馆在中国境内向其他国家或地区企业收取或支付的展览服务费用（包括展位租赁、搭建等与展览服务直接相关的费用）。如为非美元货币，需按实时汇率统一折算为美元。

营业税金及附加：（详见表2指标解释）

营业利润：（详见表2指标解释）

从业人员数：（详见表2指标解释）

从业人员劳动报酬：（详见表 2 指标解释）

（六）"表 6. 展览服务企业经营情况表"指标解释

服务展览会总数量：指展览服务企业在一个自然年度内，接展和自办展数量的总和。

服务展览会总面积：指展览服务企业在一个自然年度内，接展和自办展览会实际用于展览活动的所有场地面积。

涉外收入（支出）：指的是展览服务企业在中国境内向其他国家或地区企业收取或支付的展览服务费用（包括搭建等与展览服务直接相关的费用）。如为非美元货币，需按实时汇率统一折算为美元。

增值税及附加：（详见表 2 指标解释）

营业利润：（详见表 2 指标解释）

从业人员数：（详见表 2 指标解释）

从业人员劳动报酬：（详见表 2 指标解释）

五、附录　展览类别

展览代码		展览类别名称
门类	大类	
1		农业、林业、渔业及农副产品
	01	农业
	02	林业
	03	畜牧业
	04	渔业
	13	农副产品加工
2		食品、酒饮及服务
	14	食品制造
	15	酒、饮料和精制茶制造
	61	酒店
	62	餐饮服务

续表

展览代码		展览类别名称
门类	大类	
3		能源矿产
	06	煤炭开采及加工
	07	石油和天然气开采及加工
	08	黑色金属矿采选业
	09	有色金属矿采选业
	10	非金属矿采选业
	12	其他矿产开采及加工
4		工业科技
	22	造纸及纸制品、印刷
	26	化学原料和化学制品
	29	橡胶和塑料制品
	30	非金属矿物制品
	34	通用设备制造
	38	电气机械和器材
	39	电子器件
	40	仪器仪表
	41	人工智能
	42	环境保护及废弃资源综合利用
	43	金属制品、机械和设备修理
5		交通运输、仓储和邮政
	53	铁路交通运输
	54	道路交通运输
	55	水上交通运输
	56	航空航天
	58	装卸搬运和运输代理
	59	仓储
	60	邮政
	61	其他运输设备及服
6		信息传输、软件和信息技术
	39	计算机、通信和其他电子设备
	63	电信、广播电视和卫星传输服务
	64	互联网和相关服务
	65	软件和信息技术
7		医疗健康
	27	医药制造
	51	医疗用品及器材
	83	护理及其他医疗健康服务
8		金融
	66	货币金融服务
	67	资本市场服务
	68	保险业
	69	互联网及其他金融业

续表

展　览　代　码		展览类别名称
门类	大类	
9		**房屋建筑、装修及经营服务**
	47	房屋建筑
	48	土木工程
	49	建筑安装
	50	建筑装饰和其他建筑业
	21	家装设计及家具
	70	房地产
10		**租赁和商务服务**
	710	租赁
	723	咨询与调查
	724	广告设计
	726	人力资源
	727	旅行及相关服务
	728	安全保护服务
	729	电子商务
	730	其他商务服务业
11		**日用消费品及居民服务**
	5232	纺织面料、服装及服饰
	5233	皮革及箱包
	5272	家用电器及电子产品
	2450	玩具
	5234	化妆品、卫生用品及美容美发服务
	5235	钟表、眼镜
	5245	珠宝首饰
	7294	办公设备及服务
	7980	殡葬设施及服务
	7910	家政服务
	7970	婚庆设施及服务
	7990	其他产品及服务
12		**教育**
	820	教育
	828	教育机构及培训
	829	其他教育产品及服务
13		**文化、体育和娱乐**
	85	新闻和出版业
	86	广播、电视、电影和影视制作
	87	文化艺术
	88	体育
	89	娱乐
14		**综合类**
		展会题材包含以上两个及两个以上大类
15		**其他**